/ 100 位

为新中国成立作出突出贡献的英雄模范人物/

陈 树 湘

吕芳文/编著

★

吉林出版集团 | 吉林文史出版社

图书在版编目（CIP）数据

陈树湘 / 吕芳文编著. -- 长春：吉林文
史出版社，2011.4（2024.5重印）
（100位为新中国成立作出突出贡献的英雄模范人物）
ISBN 978-7-5472-0582-2

①陈… Ⅱ. ①吕… Ⅲ. ①陈树湘
（1905～1934）—生平事迹 Ⅳ. ①K827=6

中国版本图书馆CIP数据核字(2011)第051220号

陈树湘

CHENSHUXIANG

编著/ 吕芳文

选题策划/ 王尔立　责任编辑/ 王尔立

装帧设计/ 韩璘

出版发行/ 吉林文史出版社

地址/ 长春市福祉大路5788号　邮编/ 130118

电话/ 0431-81629363　传真/ 0431-86037589

印刷/ 天津海德伟业印务有限公司

版次/ 2011年4月第1版 2024年5月第7次印刷

开本/ 640mm×920mm　1/16

印张/ 9　字数/ 100千

书号/ ISBN 978-7-5472-0582-2

定价/ 29.80元

《100位为新中国成立作出突出贡献的英雄模范人物》丛书

★★★★★

编 委 会

100位

为新中国成立作出突出贡献的英雄模范人物

八女投江	于化虎	小叶丹	马本斋	马立训	方志敏
毛泽民	毛泽覃	王尔琢	王尽美	王克勤	王若飞
邓 萍	邓中夏	邓恩铭	韦拔群	冯 平	卢德铭
叶 挺	叶成焕	左 权	诺尔曼·白求恩		任常伦
关向应	刘老庄连	刘伯坚	刘志丹	刘胡兰	吉鸿昌
向警予	寻淮洲	戎冠秀	朱 瑞	江上青	江竹筠
许继慎	阮啸仙	何叔衡	佟麟阁	吴运铎	吴焕先
张太雷	张自忠	张学良	张思德	旷继勋	李 白
李 林	李大钊	李公朴	李兆麟	李硕勋	杨 殷
杨子荣	杨开慧	杨虎城	杨靖宇	杨闇公	萧楚女
苏兆征	邹韬奋	陈延年	陈树湘	陈嘉庚	陈潭秋
冼星海	周文雍、陈铁军夫妇		周逸群	明德英	林祥谦
罗亦农	罗忠毅	罗炳辉	郑律成	恽代英	段德昌
贺 英	赵一曼	赵世炎	赵尚志	赵博生	赵登禹
闻一多	埃德加·斯诺	夏明翰	格里戈里·库里申科		
狼牙山五壮士	聂 耳	郭俊卿	钱壮飞	黄公略	
彭 湃	彭雪枫	董存瑞	董振堂	谢子长	鲁 迅
蔡和森	戴安澜	瞿秋白			

前 言

每个人的心中都多少有一点英雄情结，都向往英雄、景仰英雄。也正因此，在中华人民共和国建国六十周年之际，由中央十一部委联合组织开展的"100位为新中国成立作出突出贡献的英雄模范人物和100位新中国成立以来感动中国人物"的评选活动中，群众参与投票总数近一亿。这其中的每一张选票，都表达了人们对英雄模范的崇敬之情，寄托着对伟大祖国的美好祝福。

一个民族不能没有英雄，否则这个民族就不会强大。当国家危难之时，懦弱者选择了逃避、妥协甚至投降，英雄们却挺身而出，用热血捍卫民族的尊严，人民的幸福。在创立和建设新中国的伟大历程中，涌现出无数可歌可泣的英雄模范人物。他们之中，有为了民族独立和人民解放而英勇牺牲的革命先烈，有为了党和人民的事业而不懈奋斗的优秀共产党员，有在全民族抗战中顽强奋战、为国捐躯的爱国将士，有英勇杀敌的战斗英雄和革命群众，有积极从事进步活动的著名民主爱国人士和国际友人……他们是民族的脊梁、祖国的骄傲，是激励全体人民团结奋斗的精神力量。

《100位为新中国成立作出突出贡献的英雄模范人物传记》丛书，就像一部星光璀璨的英雄谱，真实、完整地记录了英雄模范人物不平凡的一生，再现了他们非凡的人格魅力和精神世界。"头颅可断腹可剖"的铁血将军杨靖宇，"毫不利己，专门利人"的白求恩，"抗战军人之魂"张自忠，"砍头不要紧"的夏明翰，"俯首甘为孺子牛"的文化斗士鲁迅……一串串闪光的名字，一个个动人的故事，犹如群星闪烁，光耀中华。

如今，战火已熄，硝烟已散，英雄已逝，我们沐浴在和平的幸福之中。在和平年代，人们不会忘记为今日的和平浴血奋战的英雄们，英雄的故事永远不会结束。让我们用英雄的故事唤醒我们心中的激情，为中华民族的伟大复兴而奋斗。

生平简介

陈树湘（1905-1934），男，汉族，湖南省长沙市人，中共党员。

陈树湘在毛泽东、何叔衡等影响下投身革命，1925年加入中国共产党。1927年马日事变后，参加北伐军叶挺部，任班长、警卫团排长。1927年参加南昌起义，后随团参加湘赣边界秋收起义，上井冈山。曾任红军独立第七师和第九师师长、红十九军五十四师师长、红五军团第三十四师师长等职，参加了中央革命根据地历次反"围剿"战斗。1934年10月，中央红军开始长征。陈树湘率红三十四师担负全军后卫，掩护全军主力和中共中央、中央军委机关，同敌人追兵频繁作战，兵不卸甲，马不解鞍。1934年11月下旬，在惨烈的湘江之战中，他率领全师与十几倍于自己的敌人殊死激战四天五夜。全师由原来的六千多人锐减到不足一千人。在完成掩护中共中央、中央军委机关和红军主力抢渡湘江的艰巨任务后，陷入敌人的重重包围，他腹部中弹，身负重伤。他用皮带压住伤口，躺在担架上指挥战斗。最后，部队弹尽援绝，他伤重被俘。敌人为抓到一个红军师长而高兴，立即将他押送敌"追剿司令部"。押送途中，他趁敌人不备，在担架上忍着剧痛，从伤口处掏出肠子，用力绞断，壮烈牺牲，年仅29岁，实现了他"为苏维埃新中国流尽最后一滴血"的誓言。

1905-1934

[CHENSHUXIANG]

◀ 陈树湘

目 录 **MULU**

护送黄静源烈士遗体 / 039

以日本帝国主义为后台的军阀赵恒惕，为了讨好日本帝国主义，维护其反动统治，与江西军阀和官僚资本家相勾结，杀害了工农运动领袖黄静源。陈树湘等带领着工、农、商及学生数千名纠察护着烈士的遗体，冲破反动政府的重重阻挠，举行了极其悲壮的抗议游行。

19-20岁

跟随夏明翰搞平粜 / 049

为了进一步贯彻中共"四大"和九月中央扩大会议关于开展农运的精神，陈树湘随中共湖南区委常委、负责农委书记工作的夏明翰等同志，深入浏阳东、西、南各乡去进行考察，巩固和发展农村党的基层组织。

20岁

■军旅生涯（1926-1934） / 065

在大革命洪流中 / 066

在党和毛泽东的正确领导下，湖南农民运动如火如荼，势不可当。这期间，陈树湘随夏明翰学习毛泽东的考察方法，对湖南各县农运进行了调查。

21-22岁

秋收起义上井冈 / 079

参加秋收起义，朱毛会师后，陈树湘所在团改编为中国工农红军第四军三十一团，陈树湘升任七连连长，后陈树湘被任命为特务连长。

22-23岁

赣南闽西大进军 / 087

23-28岁

陈树湘等带领特务营紧随军部前进，参与到激烈的反"围剿"战争中，彻底粉碎敌第三、第四次"围剿"。

保卫苏区的日月 / 097

中央苏区开始了第五次反"围剿"战争。陈树湘所在的红三十四师仍奉命配合红三军团作战，由于陈树湘组织了有力的抵抗，大量杀伤与消灭了敌人。

28-29岁

■ 长征足迹（1934） / 105

铁流后卫贯长虹 / 106

中央主力红军开始史无前例的二万五千里长征。陈树湘率红三十四师遵照中央和军委的命令，最后撤离兴国进入于都，掩护中央、军委两个纵队和五支主力军团渡过于都河。

29岁

浴血奋战湘江侧 / 110

蒋介石调集四十万大军，企图利用湘江天险，歼灭红军。陈树湘镇定自若，毫无惧色，以大无畏的英雄气概，指挥红三十四师全体指战员死死地从三面奋力顶住敌人，一次又一次击退敌军的进攻，挫败了敌部的锐气。为中央和军委两个机关纵队赢得了渡江时间，直到红军最后一支部队红八军团顺利地渡过湘江。

29岁

中华热血好男儿(代序)

　　陈树湘出生于菜农家庭，在毛泽东、郭亮、夏明翰等共产党人的引导和培养下，经历轰轰烈烈大革命洪流和土地革命战争的锻炼和洗礼，成为中国工农红军的著名将领——红三十四师师长。

　　他在拱卫中国共产党领导的举世闻名的二万五千里长征中，战胜四面八方的追堵敌军，保证了红一、三两个主力军团在前面开江辟路，为中央和军委两个机关纵队赢得了渡江时间，直至红军最后一支部队红八军团顺利地闯过湘江。

　　这时，他率领的红三十四师由8000人枪，减员到数百人众，浮桥被毁，飞机轰炸，身陷蒋、桂、湘数十万敌兵及民团的重重包围。他带着穿肚枪伤，镇定自若地按中央军委指示，做好政治动员，紧急组织突围，直至子弹打光。经过三天三夜的艰苦战斗，打退了周浑元部及大批其他敌人的一次又一次冲锋。终于掩护了中央机关、中革军委纵队和主力红军于12月1日渡过湘江，挽救了红军，挽救了党。

　　陈树湘的牺牲是十分壮烈的，人们很难想象断肠的痛苦到底有多大，而陈树湘烈士却用实际行动证明着他对革命的忠诚。因为他知道，当总参谋长刘伯承和第五军团长董振堂把红军长征途中光荣而艰巨的"断后"重任交与自己时，作为一名红军师长，自己肩上的担子有多重，他早已做好了为革命赴汤蹈火、万死不辞的准备。湘江之战，他和战友们与数十倍于己之敌鏖战四天四夜，直到中央红军主力突围渡过湘江，完成了上级交给的任务。

今天，重温陈树湘断肠舍命践誓言的英雄壮举，那一幕撼天动地、气壮山河的历史画面，仿佛就在眼前回荡，他那"为苏维埃新中国流尽最后一滴血"的誓言，仿佛就在耳边回响。这是对党的 90 周年诞辰及慰藉烈士的一件非常有意义的事情。

革命启蒙

(1905—1925)

→ 在苦难中成长

★★★★★

（0—16岁）

陈树湘，原名树春，字子凤，1905年1月30日（清光绪三十年腊月二十九）生于湖南省长沙义门陈家一个佃农家里。其父陈建业，祖辈务农，耕的是地主的田，住的是地主的屋，还给地主抬轿、挑脚。陈树湘5岁那年，母亲病逝，丢下他和年仅2岁的妹妹。为了活命，陈树湘的父亲狠心将不满5岁的妹妹给了人当童养媳，仅有8岁的陈树湘到附近的一家地主家里当长工。陈树湘白天放牛割草，晚上睡在牛栏里照看庄屋，小小年纪的陈树湘倒是颇有心计，他白天经常把牛牵上山放牧，和牛娃们到私塾门前偷听先生讲课，认识了一些字。

翌年秋，天大旱，麻林河干裂见底，禾苗都枯死了。陈树湘随父流落长沙街头。适遇陈家几个堂兄弟在小吴门外种菜，人称陈家坨，陈树湘便随父在此落脚，先帮人种菜、打豆腐，逢年过节帮人杀猪宰牛、帮厨，借以糊口，逐渐成为长沙小吴门外东厢瓦屋街的种菜户。

1919年，五四运动爆发后，湖南学联组织了十几个演讲团，在街头巷尾作反日爱国演讲，陈树湘经常是卖完了菜就听爱国学生的演讲，还站在街头看学生演《鸦片战争》、《哀我台湾》等各种新剧，使他初步了解了中国人为什么衰弱挨打，帝国主义为什么敢在中国横行。在长沙学生掀起的爱国反帝的热潮中，陈树湘不顾父亲的阻拦，与几个菜农的孩子积极参与抵制日货、捣毁奸商洋行和焚烧日货的斗争。

1921年10月，毛泽东创建了中共湘区委员会，其办公地点与陈树湘家只有一岭之隔。那时，陈树湘虽只有 16 岁，但身高力气大，为人正直，经常过岭为毛家送菜挑水，深受毛泽东夫妇的喜爱。并在这里先后结识了何叔衡、李维汉、周以栗、滕代远、郭亮、夏曦、夏明翰、毛泽覃等许多革命领导人和积极分子。在他们的帮助下，陈树湘有了更多学习机会，他不仅经常去中共办的文化书社、自修大学、湘江补习学校参观、自学，还将自己已经阅读过的《工友们》、《农友们》、《一个士兵的生活》等通俗的革命读物，送到一师附小的工人夜校里。在那里，他跟毛泽东、夏明翰、贺恕等共产党人帮助初进夜校的工友和菜农识字、学文化，他们从一、二、三、四讲起，光是"一"字，就讲了一个晚上。……后来越讲越长，有的工友心里有点想打退堂鼓，一是怕学不好，二是怕学了也无用。陈树湘等人就鼓励大家说："世上无难事，只怕有心人。"还说，我们一切都是为了革命，学文化也是为了革命呢。陈树湘等还不断从报刊上选取文章，逐字逐句地给工友们读，给他们讲解。有时因事展开，借题发挥。一次，一个工友提到他们厂里有人说当工人没出息，缘由就在这"工"字上。说这"工"字上不能出头，出头便入了"土"。下不能伸脚，伸脚就要下阴曹地府。陈树湘听了，大笑起来，将毛泽东、夏明翰教给他的道理，兴致勃勃地说开了："我们这个'工'字就是要出头。不但要出头，而且要封顶，出头就是土，封顶就是王，我们出了头，封了顶，就可以称王了。不但称王，而且管王，比王更高一点。我们是无产阶级，我们要想到大多数人的解放，让人民大众坐江山，敢于在'王'爷头上发号施令。工友们，你们说由工而土，由土而王，'王'字再加一点，这加上的是什么字？"工友们受到了启发，顺口答道："是个做主的'主'字。"陈树湘高兴地说："对，就是人民当家做主的'主'字。但光出头还不成，必须伸脚。'工'字伸脚就是'干'，要想出头必须干。我们就是要联合起来干革命！"陈树湘和工友们在毛泽东、夏明翰等人的言传身教下迅速成长。

005
革命启蒙

→ 组织声援人力车工人大罢工

★★★★★

（17—18 岁）

1922 年深秋，金风吹到陈家垄，在夏明翰、贺恕介绍下，陈树湘决心与"陈树春"的族名告别，以"陈树湘"的新名号，在二里牌一所夜校里加入中国社会主义青年团。毛泽东获悉，在一次谈话中祝贺与鼓励他说："小组织，大运动，团结工农千百万。"陈树湘牢记毛泽东的话，热情参加党领导的各项革命活动。他组织菜农声援城里人力车和泥木工人的大罢工，声援学生反对日本水兵枪杀市民，参加全市六万多人的抬尸大游行。

1922年10月，党派夏明翰领导长沙人力车工人组织工会，开展罢工斗争。当时，长沙人力车工人在千人以上，有自己的行会。行会的权力操纵在车主和封建把头手中，有许多严厉的封建行规，违反行规就要受到处罚。

△ 中国社会主义青年团中央机关在上海的旧址原霞飞路(今淮海中路)渔阳里6号

再加上车租高，兵差多，人力车工人生活痛苦到了极点。1918年，长沙人力车工人曾举行过罢工，但是没有取得胜利。1922年10月初，夏明翰受毛泽东的委托，身穿粗布衣衫，脚穿笋壳草鞋，深入人力车工人中，同他们一起坐茶馆，拖车子，访贫问苦，很快和他们交上了朋友。

一天，毛泽东约夏明翰在望麓园一家小吃店聚会，还叫来了小兄弟陈树湘，对夏明翰说："你一个读书人样子，要有个帮手，树湘小兄弟牛高马大，真不愧为陈家壮士，在泥木工人罢工中表现不错，你可带他做助手。"夏明翰遵照毛泽东的意见，偕陈树湘等举办人力车工人夜校，进行宣传教育和组织工作。夜校采用的课本是李六如编写的《平民读本》。内容包括日常生活问题、社会文化科学知识和国内外时事，文字通俗浅显，易学易记。为了使课本上的道理深入人心，夏明翰、陈树湘与同来负责搞工人运动的罗学瓒一起，几乎每天都登门串户，或在码头车站找工人谈心，帮忙解决困难，工人们很欢迎他们。

一个傍晚，夏明翰、陈树湘急匆匆地穿过一排低

△ 夏明翰

矮的建筑物，在一间摇摇欲坠的破棚子外站住了。这是人力车工人李福根的家。他已经两天没有上夜校了，夏明翰、陈树湘就专程来看他。还没进门，就听到一阵撕人肺腑的痛哭声。夏明翰、陈树湘赶紧推门进去，一张破木板搭成的床上，李福根直挺挺地躺着。他的妻子和几个孩子，在他身边呼天喊地地嚎啕着。整个房间，破烂不堪，一片凄惨，令人心碎。

夏明翰和陈树湘走过去，叫了一声"李大嫂"，自己的眼泪也像断了线的珠子，滚了下来。李大嫂抬起泪脸，一下扑了过去，像是见了亲兄弟一般，抓着夏明翰的手臂，连哭带诉，仿佛要把一肚子的苦水全倒出来。

"夏先生啊，我的命怎么这样苦呀！老头子上午还拖了几趟车，下午回来就昏迷不醒呀！口吐鲜血呀！……"她朝床上一指，再也说不出话了，只是哭个不止。孩子也哭喊着："爹呀！你怎么丢下我们不管了呀！"

原来，李福根已经五十多岁了，拖了一辈子的人力车，从早到晚，一年到头，没有歇过一天，还不能维持全家人的生活。大大小小，吃的是野菜稀饭，穿的是麻袋破衣。由于近来车老板加租，官方加税，他家三天前就没沾一粒米了。今天早上，从邻居家借来一升米熬稀饭，吃个半饱就拖车去了。为了还清租税，养活妻子儿女，他想多跑几趟，只要有人坐车，宁肯一次少要几个钱也拼命去拖。谁知迎面碰上了赵恒惕的兵，硬把他拉去当差，拖五大箱子弹，每箱一百五十斤。他实在支持不住，便苦苦地哀求道："长官，行行好，让我回去喝碗稀饭吧！"

"不行！"老兵痞打着官腔。

"那你给碗水喝吧。"

"少啰嗦！老子公事在身，你这老家伙别磨磨蹭蹭，快走！"说完，顺势飞起一脚，踢在李福根的胸口上，可怜瘦弱的身体，哪经得这一踢，"哎哟"一声，便倒在街心，同行的兄弟们把他抬回家中，刚一进门就断了气，最后留下的一句话是："还欠老板三天车租！"

夏明翰听了李大嫂的哀诉，看着李福根没有闭上的双眼，心似刀绞，泪如泉涌。

他们劝慰李福根的家属，然后把口袋里所有的钱全部掏了出来，放在李大嫂手里，要她先买点东西给孩子们吃。同时，马上找了几个人力工人，安排李福根的丧事。大家发扬阶级友爱精神，团结互助，把李福根埋葬了。

第二天上夜校的时候，正在讲授《约朋友组织农工联合会的信》，夏明翰和陈树湘就以李福根惨死的事为例，启发大家的觉悟。他说："世上最辛苦的，莫过于我们农工，虽拼命地创造各种财物，然而最贫困的还是我们农工，自己享受不到一点好东西，只见富人得势，穷人受欺，穷人受苦，富人享福。这样的世道合理么？难道我们就甘心一辈子做牛做马么？"

一个姓于的老工人马上站起来说："这样的世道呀，我们就是做牛做马也活不下去了！"

夏明翰说："我们要怎样才能活下去呢？大家好好议一议吧！"

工人们议论纷纷：

"我们去和车老板拼了，为李福根报仇！"

"赵恒惕的兵这么坏，我们告到衙门里去！"

陈树湘激动地说："军阀财主好比街心一堆臭垃圾、烂蔬菜，是一个人肩挑手提快，还是众人用车子来推快呢？他把坐在前面两个工人的手和自己的手拉起来，继续说："唯一的办法，就是团结，斗争！"

这时，罗学瓒也来了，他和夏明翰商谈了几句，就说："树湘的比方打得很好，大家继续谈吧，我们怎么样来推走这些烂蔬菜、臭垃圾？摆在全国人民面前有一堆大垃圾，摆在我们人力车工人面前有一堆小垃圾，不论大的、小的，我们都要一步一步推掉！"

大多数工人同声说："对，人心齐，泰山移！我们罢工，和车主斗！"

另一个老工人说："四年前，我们也合起来罢过工，结果还是不奈何。"

夏明翰说："我们人力车工人过去虽然也举行过罢工，但团结不够紧，斗争不彻底，上头又没有谁领导我们。如今不同了，我们上面有人领导，各方有人支援，铁路工人、泥木工人为我们做出了榜样，我们只要像毛泽东组织泥木工人那样罢工，那样团结斗争，我们定能取得胜利。"

工人们越听越充满信心，当夜就在夏明翰、罗学瓒和陈树湘的主持下，成立了人力车工会，拟定了斗争方案。

△ 罗学瓒

10月8日，在人力车工会领导下，全市人力车工人为反对车主加租，爆发了罢工。从北门外到南门外，不见人力车的影子，就是最热闹的市中心区，也无一部车子。

很多阔老爷、小姐出得门来，喊不到车子，先是诧异，最后无可奈何，只好哀叹一声。

忽然从街口冲出一大队人力车工人，高举"长沙市人力车工人请愿示威"的红旗和"我们反加租，我们要活命"的巨幅横联，口号声惊天动地，大有冲垮一切障碍的威风。

一路上，请愿队伍情绪饱满，青壮年人力车工人手执棍棒，在交叉路上维持秩序，保证游行队伍顺利通行。浩浩荡荡的游行队伍直奔长沙县署衙门。两旁军警呆呆地望着这群车夫，不敢动手。县府知事躲进院内不敢出来，命令军警捧出形如宝剑的"大令"，挂在门口，借以吓唬示威群众。车工站在大坪里，激烈地高呼口号："硬要减少车租！"

夏明翰换上车工服装，夹在队伍里，他一边吩咐车工派代表进衙门去，一边同陈树湘耳语：你赶快去组织一批菜农来。

过了大约半小时，车工代表还没出来，军警挡在门口，又不准另派代表进去。夏明翰和罗学瓒一眼识破了县知事的阴谋，定是扣押了车工代表。他们便在群众中进行宣传鼓动。夏明翰大声疾呼："世界上最苦难的，莫过于我们工农，我们今天来请愿，完全是有理由的，如果我们斗争失败，那车主老爷就会反过来，把我们压在十八层地狱之下。大家不要怕，县府老爷扣了我们的代表，那完全是非法的，要是他们还不交出人来，不答应我们的条件，我们就全部冲进衙门里面去！"

没多久，陈树湘组织的几十个菜农人手一根扁担赶到。工人们这时更加鼓舞起来，全场呼应："冲进去！冲进去！我们反加租，我们要活命！不答应条件，誓不罢休！"县知事听到喊声如雷，群情激奋，深感来势不妙，他怕自己吃眼前亏，便派了一个秘书出来应付。

夏明翰一看不是县知事本人，便带头高呼："我们要县知事出面！"

大家齐声喊道："县知事，快出来！知事一日不出来，我们一日不离开！"

秘书被顶回去了。县知事想溜之大吉，往哪里溜呢？四面八方都是人力车工人和叫卖的菜农。县知事只好硬着头皮，在衙役们的护卫下走了出来，并把扣押的代表也送了出来。

夏明翰和几个工人代表站在最前面，首先递上了书面条件。

县知事看到上面写着：每部车要把一天的车租由六百文减少到三百文。于是，他采取缓兵之计，说："各位代表们，全体工友们！你们提出的条件我知道了，就放在我这里。我一定召集有关人士，从长计议。日后再告知代表和诸位！"

夏明翰看出他的鬼心眼，忙说："不行。这件事无须从长计议，知事有权当众答复。"

县知事一看夏明翰，感到奇怪，怎么人力车工人还有戴眼镜的？他走近夏明翰，故意地说："人力车工人的事，就由人力车工人自己说嘛！"

人力车工人代表老伍马上开口："好，那就请按我们提出的条件办事！"

县知事又耍花招说："我一人不能做主呀！"

"我们拥护车工们的主意！"

这时，菜农们也都围了过来。

"我们同情他们，支持他们提出的条件。"

"我们也要活命，我们要和车工兄弟们联合起来，罢工、罢市！"陈树湘带头喊口号，大家纷纷扬着手执的扁担。

夏明翰因势利导地说："堂堂一县之主，又有我们这么多的工人和菜农兄弟，怎么做不了主？”这位县大人也知道泥木工人罢工的事，看来不是巧合，而是有计划、有组织、有领导的联合行动，面对今天这样的请愿游行队伍，不答应条件是不会有好下场的。好汉不吃眼前亏，最后被迫答应了"减少车租"的条件。工人们怕他翻脸不认账，坚决要他在条件上签字画押，并颁发告示，县知事迫于罢工的声势不可阻挡，怕把事情闹得更大，便连连点头说："好，好，我签字盖章，马上出告示。"

不久，四处张贴布告，宣布人力车削减车租50%。罢工斗争的胜利，使人力车工人和陈树湘等几十个菜农受到一次实际教育：只要团结起来，劳工就有出路。

随后，夏明翰、罗学瓒、陈树湘率人力车工会，加入了以毛泽东为总干事的湖南省工团联合会，湖南工人阶级进一步团结起来了。

→ 在外交后援会的斗争中

1923 年 3 月 27 日，是日本租借我国旅（顺）大（连）期满的日子，可是日本帝国主义者拒绝归还。郭亮、夏明翰、陈树湘等共产党员、共青团员们，发动长沙人民举行了收回旅大的示威游行大会，并向日本驻在长沙的领事提出了警告书。

为了使湖南人民的反帝爱国斗争更统一，更有力量，更能团结和动员广大人民，郭亮、夏明翰、陈树湘等商议，决定以

湖南工团联合会的名义，
联合学生联合会和教育
会，发起组织"湖南外交
后援会"。当时，郭亮负
责的工团联合会下属有
三十多个工会。夏明翰等
负责的学生联合会下面
有二十多个学校的学生
会，党团员居多的教育会
在机关、团体、学校的

△ 郭亮

活动面也很广。因此，这三个团体的力量最
大，人数最多，也最有号召力。其他团体，
听说这三个团体发起组织外交后援会，进行
反帝爱国运动，也都先后参加了。郭亮被推
选为外交后援会的主席，夏明翰、陈树湘和
当时从衡阳来到省城广雅中学的袁痴、陶铸
等全力以赴，负责开展各项实际活动。

　　湖南外交后援会成立后，发行了《救国

周刊》，号召人民团结起来，反抗帝国主义侵略，并决议对日经济绝交。5月14日，外交后援会公布了《对日经济绝交公约》，并且组织工人、学生昼夜检查日货。这样一来，湖南人民的反日斗争就更加激烈了。

5月31日傍晚，夏明翰、陈树湘和外交后援会的学生及各界人士约四十人，来到湘江边上的两湖码头和大金码头。他们知道，日本有一艘叫做"武陵号"的商轮，由汉口开进了洞庭湖，将到长沙。外交后援会规定，为了教训那些洋奴，凡是搭乘"武陵号"轮船的华人，都要在衣上盖一"亡国奴"三字戳记，夏明翰、陈树湘等做好了充分的准备，率领一批调查员巡逻在几个码头上。

赵恒惕的商埠警察署，听说外交后援会的调查员要检查日本商轮，生怕得罪了日本人，也怕伤害了洋奴，警察署头子秉着赵恒惕的命令，吓唬外交后援会的代表，一定要将调查员撤回，但是夏明翰等坚决不答应。

6月1日9时，日本的"武陵号"轮船到了长沙的大金码头，宣传队和调查员开始检查、讲演、呼口号、贴标语。站在江边观看的老百姓很多，有十多个日本水兵守卫在大金码头岸口和日清公司的门前。

这时，有少数华人从轮船上出来，接受外交后援会调查员的检查，听凭在他们的衣上盖以"亡国奴"三字的戳记。但是另外还有一些搭船的华人，潜伏在船上，想钻空子溜掉，于是调查员就站在码头栏杆门外，盯着躲在船上的华人，看他们怎么离船登岸。

日本水兵厌恶老百姓在码头观看，便手执棍棒驱赶中国人。百姓激愤，拣起瓦片、石头打过去，日本水兵就赶到前面，追打百姓，殴伤了两个学生的额头。围拢来观看的老百姓更是势如潮涌，不可阻挡。此时，一艘停在江边的日本兵舰上吹起了军号，霎时间，这艘兵舰即派出全副武装的兵士二十多人，由一个挂着指挥刀的官长督率，杀气腾腾地赶上码头。

有几个国民小学的学生，把"否认二十一条"和"打倒日本帝国主义"等标语贴在大金码头的墙壁上。标语刚贴上去，几个持刀、枪、棍棒的日本水兵就把标语撕碎。有个名叫黄汉卿的小学生，他指着日本水兵的鼻子问："你们为什么要把我们贴的标语撕碎？"一个日本水兵凶狠地说："这是日本租借的码头！"黄汉卿听说"日本租借"几个字，更是火了，他一步跳到墙边，又贴出了一张"打倒日本帝国主义"的标语。日本水兵就举起木棒、刀、枪，朝学生们的脑袋、胸口乱打、乱刺。有一个曾参加过泥木工人大罢工的木匠王绍元，把胳膊一抢，从日本水兵手里夺过一根木棍，高声呼道："同志们，都来打日本鬼子啊！"他这么一喊，围拢来的工人、学生和市民有一千多人。日本水兵向手无寸铁的群众开了枪。当场将工人王绍元用刺刀戳伤，又加击一枪，王绍元立即倒毙在地。11岁的小学生黄汉卿被日兵杀害，肚皮被戳破，流出肠子。几十个工人和学生受了重伤，倒在血泊中。

人们正在枪林弹雨中退走，忽听得有人喊道："同胞们！不要跑，向日本鬼子冲去！"

人们抬头一看，见是郭亮、夏明翰、陈树湘等赶来了。

他们听到枪声以后，郭亮叫人通知外交后援会各团体，动员全体人员向码头出发。夏明翰、陈树湘带着几个学校的学生向码头奔来。原先向街里躲避的菜农，这时也转身跟着郭亮、夏明翰、陈树湘率领的队伍向码头汇集。

陈树湘带头向大金码头——日本水兵行凶的地方冲去，一路高呼："同胞们，日本水兵登岸打死人了，大家都来报仇呀！"

凡是听到这个消息的人，个个都非常愤怒，齐声大呼："这还了得！""我们不做亡国奴！""我们要为死难的同胞报仇！""血债要用血来还！"人声鼎沸，怒潮澎湃。做木工的扬着斧头，做泥工匠拿着瓦刀，石匠们拿着錾子，铁匠们拿着锤子，卖菜的举着扁担，船夫们持着木桨，汇成一股洪流，向大金码头拥去。

日本水兵开始还仗着手中的武器，想开枪屠杀。后来见势不可挡，便急忙往军舰上逃跑，龟缩到军舰里面去了。

这天夜里，陈树湘、夏明翰和郭亮都没有睡觉，他们和各界的负责人研究了对付日本帝国主义的策略，接着召开外交后援会紧急会议讨论斗争方法，与各有关部门联系，提出交涉条件，送伤者入医院，为死者设灵堂，安慰死者、伤者的家属，还要分头赶写文告、传单。

群众看到外交后援会这些激动人心的文告、传单，他们的反日情绪更加高涨了。

△ 夏明翰故居

第三天，全长沙市的人民都行动起来了，工人罢工，学生罢课，教员罢教，商人、菜农罢市，连那些为赵恒惕反动政府维持治安的警察都罢了岗。全城的治安，由外交后援会派陈树湘等组织的工人、学生、菜农纠察队来维持。

在郭亮、夏明翰等率领下，长沙市各类学校五十多所、工会二十多个以及其他各阶层群众共出动了六万多人，抬着死者的尸首游行示威，包围了日本在长沙的领事馆。他们到处撒传单、贴标语，凡是经过的街道，陈树湘等都带头高呼："日本鬼子打死我们的同胞，尸首抬在后面，请大家注意看看！"看到的人，没有一个不流泪；听到的人，没有一个不伤心！

省长赵恒惕和他的厅长、处长们，谁也没有见过这样声势浩大的群众场面。他们不知道群众要闹成什么样子，于是把省长公署的三道大门都紧紧关闭，重兵把守。

6月5日，在省教育会坪召开追悼会，追悼王绍元、黄汉卿。夏明翰在追悼会上痛心地说："我们应使人人都晓得，日本水兵登岸枪杀我同胞，这是民族的仇恨，全国的耻辱，我们决不能忍气吞声！尤其令人痛心的,'二十一条'到今天还没有取消,旅顺、大连等城市至今没有收回，而日本鬼子竟敢接二连三地打伤我同胞，杀死我市民、学生，不和他严重交涉，以达完全胜利的地步，则国将不国，假若列强效尤而起，不特国家危亡，还可令种族诛灭。我们要誓死力争，不达到目的决不罢休。"

追悼会后，游行队伍在陈树湘、郭亮率领下，秩序井然，至省长公署请愿，夏明翰、陶铸等被推为请愿代表。

夏明翰等带头走进省长公署，一个职员把他们引入来宾招待室，说省长在一个公馆开会，恐怕需要一两个小时才能返回。

夏明翰说："如今天气热，数万群众等在外面，必须请省长急速出面答复。"

这时，在前坪第一道卫门站立的小学生有几个人发生痧病，又因为省长拖了很久的时间还没出来，大家都在嗔怪，更想到里面去催促。省长公署的卫兵急忙上来阻拦，一个士兵还把一个学生踢伤倒地，群众的情绪更加愤慨激昂。于是夏明翰率领大家冲进第二道卫门，接着又闯开了第三道卫门，迫使省长公署交涉司一个姓杨的司长走了出来。他向请愿代表询问来意，假说省长实在是开会去了，各位代表有什么要求，可以告诉他。

夏明翰和陶铸交换了一下眼色，说："我们今天来的意思，是要求政府依照省议会决案，解除日本舰水兵的武装。"

杨司长摇摇头说："我只能告诉各位代表，这几天我们与日本领事交涉的经济情形。在政府交涉未结束前，万不可自由行动，尤其要现出我伟大国民之态度，千万不要愤暴与之抗拒，以免引起更大的事情，难以收拾，致使我们的把柄被他们拿着，则各同胞之死命者也就空死了，流血者也就白流了，各位这番热情也等于零，请各位注意！至于解除武装及军事行动，我实实在在没有这样的魄力。"

代表们说："这件事你做不了主，就请省长答复。"

陈树湘率领群众齐声高呼："省长不出面，我们决不离开省署。"

经过夏明翰等代表的交涉，在群众的压力下，赵恒惕才出面接见。游行群众早就被赵恒惕的闭门政策激怒了。夏明翰一见赵恒惕，就抢先说："民心不可失，国耻不可忘呀！"

赵恒惕皮笑肉不笑地说："岂敢，岂敢，我无时无刻不思念父老子弟呀！"

夏明翰紧接着说："好！那么在小百姓受到外人凌辱丧命的时候，当省长的就应该挺身而出，为民除暴！你为何在全城六万人民、百多个民众公法团体找上省署衙门来的时候，还大门紧闭，重兵把守，不出来相见呢？你统兵数万，辖官数千，能坐视日本水兵枪杀爱国人民不闻不问吗？"

赵恒惕故作镇静地说："怎能不闻不问，情况我们都知道，你们有什么具体意见就提吧！"

夏明翰把外交后援会研究的条件提了出来说："我们外交后援会，代表全省三千万人民，特提出如下八条，望政府代表人民向日本交涉：第一，撤换日本驻湘领事；第二，惩办日本军官；第三，惩办凶手；第四，撤退日本一切驻湘军队；第五，收回日本在湖南占用的一切码头；第六，责令日本驻湘领事公开向中国人民道歉；第七，抚恤死者；第八，赔偿伤者保险金与医药费。以上八条，政府如无绝对办法，使其达到圆满的结果，我全体人民即将采取革命的手段！"

赵恒惕迫于形势，不得不服从群众的意志，把八项对日交涉条件接受下来。然后，假情假意地对群众讲道："各位暂且息怒，日人如此暴虐，实属难忍，政府的意思当然与大众相同，至于日本兵舰已限时令其撤出湘境，如不能，则准备以军事行动对付。"又说："政府责任很重，所提条件自应全数提出，但此事单独一省进行效力不多，应联合各省及全世界合力协作。"又说："当此天气很热之时，大家请愿可派代表数人，不要群众聚集，即在街上行走，因人数太多，秩序难保，请注意。"卫兵打伤学生之事，经代表报告赵恒惕，他答应惩办。

赵恒惕这番答复，夏明翰已看出是比较圆滑的，但考虑他口头上已接受了八条，也就率领群众离开了省长衙门。

夏明翰、陈树湘等从省署出来，也作了两手准备，一面听候政府与日方交涉，一面和郭亮继续组织罢工、罢课、罢市，宣传查封日货，对日本帝国主义者和赵恒惕施加压力，以便促使交涉成功。

但是，赵恒惕根本就无心为人民交涉。他竟和日本人偷偷地"交涉"起他们的私人买卖来了：赵恒惕答应给日本一千八百担大米；日本人允许卖给赵恒惕三千条快枪，来镇压人民。同时，散布谣言，制造舆论，破坏外交后援会的工作，企图迫使外交后援会的瓦解，以致外交后援会有的干事想辞职不干了。夏明翰、陈树湘于是协同郭亮一方面团结同志，鼓舞斗志，一方面等待时机，戳穿赵恒惕和日本人的阴谋。

陈树湘、夏明翰与郭亮商议，召开了外交后援会代表及干事联席会。在会上，他们分头耐心说服提出辞职的人："干事局发生辞职问题，实是出人意料之外。为什么要辞职呢? 不要听了几句诬蔑我们的言语，就动摇我们的意志，放弃我们的斗争。外交后援会开办以来，并无丝毫劣迹。大家都知道，六一游行示威，谨守秩序; 六三追悼大会，隆重悲壮; 六五请愿交涉，有条不紊，这些都是外交后援会的干事们热心服务的结果。现在斗争还在继续，目的尚未达到，正当人们愤激的时候，我们作为有血气的中国人，作为民族的先锋，阶级的斗士，怎么能在火线上辞职? 我们极盼干事们仍然热心办事，积极进行。"

听了夏明翰、陈树湘、郭亮的话，原来提出辞职的人也觉得不好，"虽然精力疲倦，也要找人帮办"，表示要干到底。会上一致就夏明翰等提出的"必须禁止卖米给日本人"一案作出了决议。

日本人在长沙残杀市民一案，几经交涉，尚无结果，又传来常德学生被日士兵殴伤13人的凶讯。赵恒惕表面上扬言通过外交途径继续进行交涉，实际上以赵恒惕为头子的省政府和日本人勾结得更亲密，竟以保护侨民、维护秩序为由，任其日本"安宅"号舰、"伏见"号舰舰长停留湘江之上。更加不可容忍的是，赵恒惕于6月8日公开下达命令，解散外交后援会，逮捕外交后援会的干部和积极分子。夏明翰、陈树湘、郭亮等召开紧急会议，分析形势，认为这是日本人对我变本加厉的野蛮行为，也是赵恒惕玩弄两面手法的大暴露。他们决议采取紧急措施，针锋相对，于6月11日又恢复了外交后援会，大张旗鼓地发动长沙人民，对日本实行全面的经济绝交，不坐日本船，不买日本货，不为日本人服务，不卖给日本人一切油、盐、煤、米及蔬菜等一切食物用品，不往日本银行里存钱，不准日货在湖南堆放，不与日本兑汇，不登日本广告，把日本人开的工厂全部交由国货维持会代管，不准日本人上岸……

这样搞了几天，日本水兵就慌了。原先他们每天强迫小商贩送新鲜蔬菜上船，还勒令附近渔民捞大鱼供应他们，所付的代价却是相当微薄的，有时干脆不给钱还骂人。如今全市各商场小贩一律不卖东西给他们，他们几天没吃到菜。日本人和军舰、轮船因供不上燃料，不冒烟了，不鸣叫了，僵尸般地困在湘江里。在长沙做事经商的日本人，都被赶到军舰、轮船上和日本领事馆里，绝粮断炊，寸步难行。日本水兵和商人都跑到日本领事馆里大哭大闹，向日本领事要饭吃。日本领事无奈，就只好找赵恒惕了。

赵恒惕为讨好日本人，马上准备了一批食物，叫了一个亲信营长带队，命令挑担子的士兵化装成脚夫、小商人的模样，偷偷把食物送去，表示"亲日友善"。他还亲笔写了封信谨致慰问。他叮嘱那个营长一定要把食物送上军舰，万一出了问题，切勿泄露机密。

正当赵恒惕和其走卒们苦心为日本人卖力效命的时候，另一支"奇兵"悄悄埋伏在省署通往日本军舰的半路上，赵恒惕做梦也不会想到，他们的运输队走出后院不出三百米，就被陈树湘、夏明翰、郭亮率领的工人、学生、菜农纠察队碰上了。夏明翰等发现他们神色不对，便拦住检查，结果戳穿了赵恒惕的无耻阴谋。夏明翰吩咐众纠察队员，扭住这些装成挑夫的军警士兵，押解到外交后援会。

陈树湘对那个化了装的营长气愤地斥道："好大的狗胆，你们偷运东西接济日本侵略者，该当何罪？"

那个带队的营长知道此事无法隐瞒，只好全部交代了机密，并递交了赵恒惕给日本人的亲笔信，最后求饶似的说："这是赵省长的命令，我们不得不照办。请先生饶恕我们，我们再也不干这样丢丑卖国的事了!"

夏明翰等把脚夫、商人的服装换了，先在外交后援会休息半天，然后再换他们回去。

夏明翰、陈树湘、郭亮准备将计就计，决不让赵恒惕的阴谋得逞，如果把食品送上军舰，这就长了日本人威风，灭了中国人的志气。尤其关系到对日全面实行的经济绝交的斗争是否能够坚持下去。如今抓住了他们的"运输队"，不仅可以粉碎赵恒惕的恶毒阴谋，暴露了赵恒惕的奴才嘴脸，而且对群众的反日情绪是个极大的鼓舞。陈树湘、夏明翰和郭亮商议之后，选了一批精灵的工人、学生和菜农纠察队，穿上刚换来的军警的服装，扮作赵恒惕的"运输队"，向着大金码头走去。

站在甲板上的日本士兵看到一路又挑又抬的人走向军舰，忙问是干什么的。

化装的陈树湘答道："我们是赵省长派来送食品的。"

军舰上的人听了都得意起来，赶忙把这支"运输队"迎上军舰。有个穿中国服装的日本人，站在船头笑着，露出一口黄灿灿的金牙。这大概是个军官，他两眼直瞪瞪地盯着纸盒、麻袋，连声称赞着："赵省长良心大大的好！"陈树湘对他说："赵省长派我代为致意，贵军挨饿，他心不安，定要千方百计，保你们不饿死。省长还嘱咐，在我们没在上坡之前，纸盒、箱子、麻袋、箩筐暂时不宜打开。这都是可口、饱肚的食品呀！恐怕……"

那金牙长官连忙点头："我们明白，打开了，老百姓对我们大大的不好。等到你们回去我们抬到船舱里，再打开的干活。"

这些猖狂一世、一时愚蠢的家伙，高高兴兴地把陈树湘一队人送下军舰，然后，立即你挤我推地抢着把箱子、麻袋、箩筐等抬往船舱，打开一看，天哪，哪是什么可口、饱肚的食品呀，里面全是泥巴、草根、石块，外加一条条"把侵略者赶出中国去"的标语。这一下，贪婪的日本水兵和商人一个个像泄了气的皮球，瘫倒在甲板上。那个当官的气急败坏地说:"可恼! 找赵恒惕去! 一定要他惩办这些刁民!"

日本人告到赵恒惕那里, 赵恒惕吓得宣布立即戒严。这时日本帝国主义者又向长沙开来了一艘军舰, 赵恒惕以为是日本人答应卖给他的那三千支枪运来了。于是他不顾民愤, 突然贴出告示说: "查有痞徒, 借劣货之名, 企图乘机抢劫, 实属扰乱治安, 一经拿获, 决定军法从事。"随即发兵镇压人民的反帝爱国运动, 禁止所有团体举行集会, 不准罢工、罢课、罢市, 从沿江各码头至日本领事馆, 三步一岗, 五步一哨, 武装保护日本人, 以武力解散外交后援会, 还到处派兵捉拿郭亮、夏明翰、陈树湘等人。

衡阳省立第三师范学生代表、湘南外交后援会主任袁痴被赵政府抓捕后, 郭亮、夏明翰、陈树湘等并没有被反动派嚣张一时的反动气焰所吓倒, 他们一面组织营救, 一面转入工、农、兵、学、商的各条秘密战线, 进行着更加顽强的斗争。

→ 护送黄静源烈士遗体

★★★★★
（19—20 岁）

1924 年 1 月 21 日，列宁逝世。消息传来，长沙上千人在教育会坪召开追悼大会。郭亮演讲列宁和十月革命的伟大功绩。陈树湘等散发了悼念列宁的纪念册和传单，向苏联及全国各团体发出了哀悼电文。5 月 1 日，郭亮又以工团联合会名义，召集长沙各业工人共四千三百余人，在教育会坪举行庆祝五一国际劳动大会，发表《湖南五一纪念宣言》，他提出"劳工保护法"的要点，请求政府采纳。

5月7日，他们又以外交后援会的名义，发表《本会五七国耻纪念宣言》、《致日领警告》等文件，要求日领事即日转告日本政府，从速正当解决"六一"惨案。"六一"惨案一周年时，郭亮、夏明翰、陈树湘集农、工、商、教各界三十五个公法团体单位，约五万余人，在省教育会坪举行"六一"惨案纪念大游街

△ 武大"六一惨案"纪念亭

大会,实行罢工、罢课、罢市,群众爱国运动又掀起高潮。郭亮等因势利导,于这年7月底至8月初,以省外交后援会名义,先后四次召集省会各公法代表会,筹备组织湖南反帝国主义大联盟。接着在省教育会召开成立大会。该盟公开散发了郭亮起草的《湖南反帝国主义大同盟宣言》,号召"内而团结全国军政商学农工诸民众,外而联络全世界被压迫的民族、被压迫的阶级,废除中外一切不平等条约,打倒帝国主义"。

　　1924年12月,全省各教会学校学生开会反教会学校运动。郭亮与夏明翰、肖述凡、陈树湘等,以湖南学生联合会和省工团联合会名义,筹划于基督教的"圣诞节"举行长沙学生、工人的"非基督教运动节"大示威。英美驻湘领事得悉,向媚外惧外的赵恒惕提出警告,赵唯外人之命是听,饬令军警严禁"非基督教运动",暗中缉捕从事这一运动的各校学生领袖三十余人,游行大示威被迫停止。郭亮、夏明翰、肖述凡与陈树湘等率领学生临时变计,将大会游行改为分组活动,当日全城各校学生会和各工会组织了十余个宣传队上街,散发《为

非基督教运动节檄告同胞》的传单,提出"制
止丧灭民族精神的文化侵略"等号召。这场
反教会学校的斗争,持续了五个月,在外人
勾结赵政府的迫害下,转入地下斗争。

　　1925年春,毛泽东由上海回湖南,指示
郭亮、夏明翰、肖述凡、陈树
湘等开展农民运动。郭亮偕同
伴们赴铜官一带发动农民,开
展平粜斗争。为了纪念"六一"
惨案两周年,郭亮、夏明翰、
肖述凡、陈树湘等联络省外交
后援会、反帝大同盟等各界负
责人,于6月1日在省教育会
坪举行了十万人的群众大会。
大会进行中,传来了上海发生
的五卅惨案的不幸消息,群情
异常愤激。大会主席团因势利
导,组织大规模的群众示威游

△ 徐特立

△ 毛泽覃

行，声援上海纱厂工人罢工。

次日，省工团联合会、省学联组织两万余人在省教育会坪集合，决议成立青沪惨案湖南雪耻会，郭亮被公举为"雪耻会"主席，徐特立、缪伯英、毛泽覃、曾三、田波扬、李亚农等为执行委员。夏明翰、肖述凡、陈树湘分头发动全市人民开展罢工、罢市、罢课斗争，号召中国工人退出英日工厂，学生退出英日学校，并查禁销毁仇货。为了掀起爱国群众运动的高潮，他们商同工、农、学、商各界，举行声援青沪惨案游行示威，反英反日，参加者十余万人，散发传单七十余种，并通电全省各县组设雪耻分会。6月3日，长沙市罢工、罢课、罢市，英日领署工人退工，湘雅、福湘的学生退学，报界亦停止报纸出刊。工人、学生还沿街呼号，并劝军警一致对外。郭亮与夏明翰、肖述凡、陈树湘等还利用学生暑假回县的时机，组织宣传队，在农村散发《帝国主义是这样的东西》、《不平等条约概述》、《民族革命》等通俗小册子，演出《东江之役》、《农民的力量》、《上海惨剧》等新剧。数日之间，衡阳、常德、湘潭、岳阳等地均成立了雪耻分会，举行了游行示威，形成了全省人民的反对英、日帝国主义运动高潮。

五卅惨案后，全国各地又开展了对英日经济绝交运动。6月27日，郭亮与夏明翰、肖述凡、陈树湘等通过省雪耻会领导长沙两万余人举行夏节（农历五月初五）总示威，向群众宣布五项经济绝交公约：不买英日货，不供给英日人劳力，不用英日货币及在英日银行存款，不搭英日轮船，不供给英日人原料、粮食、燃料、蔬菜。驻湘英日领事请赵政府制止经济绝交手段，赵即召集雪耻会，迫令修改经济绝交办法，且张贴布告，恐吓群众。郭亮与夏明翰、肖述凡、陈树湘等人组织数千长沙市民对赵恒惕进行抗议，并声明："中国政府，既不可靠，现在所靠者，唯有全国民气，实行经济绝交公约，交市民大会公决，不能更改。"经济绝交活动进行至五十余日以后，英日商人均感恐慌，燃料食品均成问题。日本领事亲赴雪耻会纠察部要求妥协，遭到雪耻会的驳斥和拒绝。与此同时，全省各地纷起进行了经济绝交运动。

为了将爱国群众的反帝运动深入持久地开展下去，这年 10 月，郭亮与夏明翰、肖述凡、陈树湘等又组织工会联合各校学生掀起收回大金码头的风潮。

大金码头又名江西码头，归江西帮所有，1915 年 10 月租与日本戴生昌轮船公司。1925 年 10 月，日商租期届满，于是，郭亮与夏明翰、肖述凡、陈树湘等通过省工团联合会召开各公法团体会议，推举代表，组织收回大金码头委员会，并发动各工会、各学校万余人举行游行示威，迫使交涉司答复大金码头由政府负责不续租日人。

1925年，以日本帝国主义为后台的军阀赵恒惕，为了讨好日本帝国主义，维护其反动统治，与江西军阀和官僚资本家相勾结，于这年10月、11月，先后杀害了工农运动领袖黄静源、汪先宗，并亲自批准缉捕郭亮的赏金由五千元增加到一万元。9月，汉冶萍公司总经理盛恩颐（盛宣怀的儿子），在日本帝

▽ 1925年长沙发生收回大金码头运动，图为当时的大金码头。

△ 黄静源

国主义的指使下，用金钱买通了江西军阀方本仁、湖南军阀赵恒惕和赣西镇守使李鸿程，对安源工人进行血腥镇压。9月21日，李鸿程封闭了安源工人俱乐部，逮捕了共产党员、俱乐部副主任黄静源。10月16日，将黄静源杀害在俱乐部广场，并宣布"示众"三天。消息传到长沙，中共湖南区委召开各基层党组织负责人会议，决定举行大规模的对黄静源烈士的追悼活动，进一步揭露帝国主义和反动军阀的暴行，教育和启发广大群众觉悟。夏明翰、郭亮、周以栗参加了这次会议，并于19日与向钧、罗学瓒、陈树湘、张汉藩等组成迎柩团，代表湖南各界前往醴陵、株洲迎接烈士遗体。26日，长沙召开了隆重的追悼大会。当天，陈树湘等带领着工、农、商及学生数千名纠察护着烈士的遗体，冲破反动政府的重重阻挠，举行了极其悲壮的抗议游行。周以栗、陈树湘指挥游行队伍，带领群众振臂高呼"打倒军阀"、"黄静源烈士精神不死"等口号，绕长沙城一周，观者许多人同情落泪。

→ 跟随夏明翰搞平粜

★★★★★

（20岁）

1925年10月，为了进一步贯彻中共"四大"和九月中央扩大会议关于开展农运的精神，身为中共湖南区委常委、负责农委书记工作的夏明翰，同区委其他同志作出了"关于农民运动决议案"后，他与中共浏阳县委负责人潘心源带陈树湘深入浏阳东、西、南各乡去进行调查考察，巩固和发展农村党的基层组织，先后接收了张启龙等17人加入中国共产党，随之在上东、永和、文市、枫林、张坊等地建立了党支部。张启龙、李鸿翼、张侃、陈世乔等同志分别担任了各地的支部书记，成为当地党的组织领导者。

一路上，夏明翰关切地了解陈树湘的家世渊源，陈树湘向关心自己的领导人讲祖上义门陈家的故事，还说到湘潭、衡山等地的远房亲戚，说着说着，竟说到"陈嘉言"这个名字。夏明翰摘下眼镜，插了插镜片，仔细端详了身边的小兄弟，他"啊"了一声说："说不定我们还是亲戚呢。"夏明翰给小兄弟进一步介绍说："陈嘉言是清末进士，还是我的外公呢。他的思想虽跟不上世道形势了，但他满腹文章知识，还是值得后人学习和继承的，上溯到远古，你与我外公也都是舜帝后裔啊……"这么一说，两个人的心贴得更近了。

一天晚上，陈树湘同夏明翰从浏阳回到长沙。陈树湘急忙从李子冲夏明翰大姐夏明玮处，取来外地给夏明翰的邮件，其中一封从衡阳省立第三师范学校一个团干部写来的反映湘南乡村现状的四首诗，夏明翰叫陈树湘念给他听：

一

天天买米到乡村，无数嗷鸿遍倚门；

旱魃无情偏作祸，可怜民众怎图存。

二

家中无物再充饥，度过一时算一时；

个个饥民同悲叹，叫侬听罢泪如丝。

三

千钱升米竟为灾，呼地呼天枉气哀；

管你身边钱十万，依然米袋空回来。

四

纵横南北与西东，菜色鹄形处处同；

无数豪强且满鏊，何言残老与孩童。

这时，陈树湘停顿一下，接着又朗读起来：

做长工，做短工，一年到头两手空；

挑担子，拉车子，一年到头饿肚子。

夏明翰听得入神，突然，他问陈树湘，怎么读出五首来了呢? 陈树湘回答说：那最后一首是我在菜农地里编的一首歌谣，也算是我跟你一路上想高喊的打油诗吧！

听了这些诗作，夏明翰沉思半晌，他叫陈树湘拿过纸笔，不禁写出一首民歌：

官家一片灯，民家黑森森。

官家吃汤丸，民家锅朝天。

写毕，他叫陈树湘反复读了几遍，并嘱："由你保存起来，留个纪念吧！"这些诗作和歌谣更加燃起了陈树湘投入农民运动的斗争热情。

1925年冬天，党派湘区委员滕代远到长沙近郊指导开展农民运动，逐步建立和发展了党的组织与农民协会。陈树湘持夏明翰信件，找到滕代远等领导人，积极参加了二里牌乡农民协会。经周以栗、滕代远介绍，陈树湘在一家农舍里宣誓由青年团转入中国共产党。这年年底，陈树湘与附近一个农家女儿江英结为夫妻。

正在这个时候，省委来了通知，通知夏明翰去湘潭开展平粜运动。通知的同志告诉他：还有其他同志都分别下到各县，领导农民，战胜灾荒。

夏明翰偕陈树湘，当晚就上路奔向湘潭，走了大半夜的路，天亮了，赶到了湘潭县境内的一个小镇上，找到在镇上小学堂教书的地下党员接了头。这个教员姓屈，三十多岁，大家都叫他屈先生。他虽然以前没有和夏明翰见过面，但对夏明翰的名字很熟悉，也看过他写的诗歌和文章。因此，看到夏明翰受省委的委派来领导开展平粜斗争，十分欢迎。他说："城里组织雪耻会，我们这里也想动起来。群众像一座山的干柴，就差点火了。你来得正好呀！"

夏明翰向主人介绍了陈树湘，说：这位农民兄弟很好学，是我的秘书顾问。

屈先生向他们详细介绍了乡下的情况，湘潭有很多土豪劣绅，将大批粮食囤积在仓库里，任意抬高米价，眼见得一升米从六十文铜钱涨到八十文，很快又由八十文涨到一百六十文，有的快上千了，后来干脆不卖给贫苦农民，而是高价售给城里的米商，因此农民生活很苦，饿死了不少人。单是这个小学附近有一个叫周远明的农家，全家八口人，连饿带病就死了五口。

夏明翰对屈先生说："我们到他家里去看看吧！"

"你们以什么身份去呢？"

"你就说我是新来的小学教师，还会看相算命。他是我的兄弟，学徒。"

屈先生高兴地笑着："好，好，我这就陪你们去。"

夏明翰、陈树湘跟着屈先生走进一座茅房，只见一个穿着破烂的男子和两个瘦骨嶙峋的小孩儿在剥树皮根子。男子满头长发，满腮胡须，好像几个月没有剃了，初看以为是个老头儿，实际上不过三十五六岁。两个小孩儿一男一女，男的约八九岁，女的不过六七岁。

屈先生说："这是我们学校新来的教师，

他们特来看看你。"

"看看我?"

"是的。"夏明翰热情诚恳地说,"听屈先生告诉我,你家里很不幸! 父、母、妻子都遭了难。"

周远明不觉流出了眼泪,说:"我这个人八字不好,生来命苦。"

"你也相信八字、命运么?"

"哪能不信啊! "

陈树湘插话问道:"你看过八字没有?"

周远明边削树皮边答道:"饭都没有吃的,哪里还有钱来看八字! "

夏明翰想从八字上来启发他:"我也晓得算八字、看相。我觉得没有天生吃树皮的人。"

屈先生也附和着说:"夏先生和一般看相、算八字的不同, 一不要钱, 二不要米,看得最准确, 说得合正理。"

周远明半信半疑地说:"我是壬午年十二

月二十八日辛时生。你看我这个八字如何？"

夏明翰想了一下，看着周远明说："壬午属马，马善被人骑，人善被人欺，若想不受欺和压，就要团结齐努力。"

周远明频频点头，觉得夏先生的话确实有理。

夏明翰又说："腊月生来天气寒，无柴无米难过关，要想吃饱身上暖，除非荒年换了天。"然后又指着周远明的相貌说："你肩宽好挑重担，手粗好搬大山；不怕生在寒雪天，只怕没有伏虎胆！"

屈先生完全明白了夏明翰的心意，周远明也越听越有了一线希望。

周远明用敬佩的眼光看着夏明翰，说："先生，你口讲干了，喝碗凉水吧！"

夏明翰说："你莫相信那些看八字的，同样的八字，可以有不同的看法，地主、老财总说他们的八字好，天生的要骑在人民头上享福，就是用八字、命运来欺骗大家。"夏明翰把小孩抱在怀里，拿起一块树皮根问周远明：

"你们这里都吃树根吗？"

"嘿，哪会都吃？"周远明满肚子是气地说，"只有我们穷光蛋才吃。"

"哪些人不吃呢？"陈树湘插话问。

"人家肖七爷仓里的谷米都生了虫，还吃树根子！"

夏明翰和陈树湘便将土豪劣绅的罪恶、平枭的意义给周远明详细地讲了一遍。周远明的拳头捏出火，连连点头。

陈树湘站起来说："我们就是受不住了，要反这块鬼天。你把这番道理和你自己的体会，给周围的人讲讲，团结的人越多越好，我们住在学校里，你有什么事，可以找我们和屈先生。"

"好，好！"周远明很高兴，又打量了夏明翰、陈树湘一番，"你们要常给我们看八字呀！"

接连几天晚上，夏明翰、陈树湘和屈先生都在周远明的茅草房里聚会，一人串联两个，两个串联四个，四个串联八双，一天比一天来的人多，经过细致的发动工作，群众都很积极。于是，镇上的地下党员以老屈为中心，群众以周远明为骨干，在夏明翰的布置下，召集几百农民到关帝庙开会，由老屈主持会议，让夏明翰当众把平粜的道理讲了一遍，号召大家同心协力。周远明在会上痛诉了土豪肖七爷的罪行，他愤慨地说："为什么肖老七谷米堆积如山？哪粒谷米没有我们的汗水？他藏谷最多，又盖世的狠毒！他宁肯把谷米给虫吃，把饭给狗吃，也不肯给我们！我们忍到这个地步，肚子里全是野菜，全是树根，还能再忍么？夏先生说得好，只怕没有伏虎胆，他肖老七就是只白额老虎，我们也要戳穿他的屁股。"

会上，大家确定，从肖老七开刀。

肖老七这个家伙十分狡猾，鬼心眼最多。他听到了风声，在深更半夜，亲自叫人将所有的上等谷子，埋藏在猪楼底下。

若要人不知，除非己莫为。一个地主干的事，哪逃得过贫苦农民的眼睛。肖老七藏谷的事，被他的一个老长工看到了，这个老长工看到他那么多好谷子不卖给人们吃，心里恨极了，鸡叫头遍，这个老长工就装作起早出工的样子，将这种情况悄悄地告诉了周远明。周远明趁天还没亮，就跑到学校告诉了陈树湘和夏明翰。

夏明翰吩咐陈树湘和屈先生："肖老七这家伙真是狠毒。你们分别去通知大家，上午十点钟就集合去肖七家闹粮。"

陈树湘补充说："秘密通知，行动迅速，除带扁担、箩筐以外，还要带梭镖、锄头，万一他动武，我们也好对付。"

周远明浑身是劲儿，拔腿就跑。各乡群众准时到关帝庙。夏明翰和老屈早在庙里等着，十点一刻，他们带领几百农民，扛起锄头、梭镖，挑起箩筐、扁担，威风凛凛地冲到肖老七家里。

肖老七一听来了几百农民，心惊肉跳，只好佯装笑容，弯腰打躬，站在堂屋的阶梯上说道：

"各位父老、各位乡亲，都是天天相见的熟人，我叫得出你们每一个人的大名，你们每一个人都知道我的小号。大家的痛苦，我也清楚；我的艰难，大家也要体谅！你们今天集合而来，不知是为了什么大事？"

周远明冲上台阶，大声地说："肖老爷说得好，我们都是天天相见的熟人，我们不少人还是你的佃户、长工、短工。我们今天没有别的目的，只有一个要求，希望你家把谷子卖给我们，公平议价，出粜谷子。"

大家一哄而起："对！平粜谷子，公平议价。"

"哦，原来是这回事，好说，好说！"肖老七狡诈地喊道："各位不要闹，大家在禾坪上歇一歇，请几位领头的到堂屋坐一坐，我们好好商量！"

夏明翰站在前面说："这是大家的事，有

060

话和大家说，用不着到堂屋去坐，我们好好
商量！"

周远明接着说："你要当众答复我们的要
求。"

陈树湘又领着大家喊道："快快答复我
们的要求！"

肖老七看到群众都向他射来愤怒的眼
神。他一本正经地说："好吧，我一向讲仁慈，
讲道德，看在各位乡亲邻里份上，我打开谷
仓给大家看，有多少就卖多少，少几个钱没
关系，只是满足不了各位的要求，我也是没
有办法了。"

肖老七吩咐一个长工，把谷仓的门打开。

夏明翰和老屈、周远明等走近谷仓前一
看，只有几担谷子，又都是霉坏了的，知道
这是肖老七的花招。

夏明翰对周远明说："你把肖老七的花招
告诉大家，我们要揭穿他的诡计。"

周远明站上台阶，大声叫道："伙计们、兄弟们，肖老七的粮仓里只有几担谷子，你们相信不相信？"

大家纷纷叫骂："活见他妈的鬼！不许肖老七骗人！"

周远明说："而且尽给霉谷，你们答应不答应？"

陈树湘指挥农友们把扁担顿得直响，举起梭镖、锄头，异口同声地喊："不答应，他没有好谷，我们就挖掉他的粮仓！"

夏明翰两眼盯着肖老七说："你要识时务，老实把谷子拿出来！"

肖老七急了，故意装穷叫苦："唉，家里就只有这么多，不瞒大家说，天旱无收成，农民不交租，我哪里还有积谷？"

陈树湘再一次警告肖老七："今日不比往日，你不要搞错了！"

肖老七发誓赌咒："如果还有谷子，我吃了全家死绝！"

"那就这样办吧。"夏明翰叫陈树湘拿出一张白纸，把毛笔给肖老七一递，说："具个结，如果我们搜出谷子，你全部交出来。"

"这……这……"肖老七接过笔,有点慌,心想:"我藏谷的事想必他们都知道了?但不写,岂不自己露了马脚?"心一硬,便说:"我写,君子一言既出,驷马难追!"

陈树湘接过凭证,把手一摊:"那么就麻烦七爷亲自带路了!"

"哪里去?"肖老七如在云里雾里,两腿发软。

"猪楼底下去!"

这一声,吓得肖老七三魂去了两魂,额头上的冷汗如雨。农友们这时蜂拥而上,直奔猪楼,一边跑一边喊:"搜谷去啊!"

没多久,全部谷子都搜出来了。

夏明翰走了过去,扯住肖老七的衣袖说:"君子一言既出,驷马难追。我们宣告:谷子全部收归农民大众分发。"

斗争肖老七的胜利,提高了农民的觉悟,

也增添了他们的信心和勇气。像周远明那样的农民，在夏明翰、陈树湘和老屈的培养下，不久即加入了中国共产党，成了后来农民运动的骨干。由于惩罚了肖老七，兔死狐悲，附近的土豪劣绅吓得坐立不安，白天吃不好饭，夜里睡不好觉，有的害怕像肖老七一样的下场，自动开粮仓，把陈谷平价卖给农民。

军旅生涯

（1926－1934）

→ 在大革命洪流中

★★★★★

1926 年 3 月，郭亮和夏曦、夏明翰、肖述凡、陈树湘等，以全省工团联合会、学生联合会、教育会和商会为主，联合 457 个团体，举行反英讨吴（佩孚）示威游行，并举谢觉哉等四位代表去见赵恒惕，敦促其出兵讨吴。但是，赵对吴存有幻想，避不见面。这样，驱逐赵恒惕就成为摆在全省人民面前的紧迫任务。3 月 3 日，郭亮等发动长沙各业工人及各界群众三万余人在省教育会坪召开驱赵

市民大会，郭亮被推选为大会主席。他商同
各工会及国民党湖南省党部等公法党团负责
人，通过了"打倒赵恒惕"、"请国民政府北
伐"等对湘时局24条主张，还组织成立了
讨吴驱赵的湖南临时人民委员会。赵恒惕派
兵一连封锁教育会坪，同时在教育会坪门前
和大街小巷张贴布告，通缉郭亮和夏曦等人。
有人建议郭亮提早退出会场，他笑着说："我

△ 1926年3月9日，沙市各界人士在教育坪召开大会，成立"湖南人民临时委员会"。

是反帝大同盟的主席，也是今天这个大会的主席，主席躲起来，大会就失败了。"他指着陈树湘等纠察队员说："我们有他们这些兄弟在，什么也不要怕！"与此同时，驻湘南的湘军第四师唐生智，因受国民革命声势的影响，开始倾向国民革命。他一面调兵向长沙进逼，一面电责赵恒惕，支持各界人民的驱赵斗争。赵恒惕在各方面的逼迫之下，不得不于3月12日向各界及唐部发表"去职通电"，当晚即逃往岳州，随之去了汉口。

5月，郭亮和专程从长沙赶到衡阳，何叔衡、夏曦、曾三、熊亨翰在陈树湘等的护卫下，组织了国民党湖南省党部特别委员会，讨论全面准备迎接北伐军和动员群众支援北伐战争，以及进一步促进唐部向革命方面转化等问题。

6月2日，唐生智部在革命形势推动下，在衡阳宣布参加国民革命，接受第八军军长兼北伐军中路前敌总指挥职，积极联合北伐各军进行北伐。6月下旬，以叶挺独立团为先锋的北伐军第四军，与八军并肩向北推进，直逼长沙。这时，秘密从衡阳回到长沙的郭亮等，在中共湖南区委和国民党湖南省党部的统一布置下，同夏明翰、柳直荀、陈佑魁一起，发动工人、学生和各阶层人民，用实际行动，迎接北伐军。

在郭亮、陈树湘等的直接领导下，缝纫工人做了两万多个"国民革命军"和"工人保安队"袖章，泥木工人准备了大批炸弹，印刷工人赶印"打倒军阀"、"支援北伐"等宣传品，人力车工人侦察敌情，码头工人准备对付北军登岸的水兵，铁路工人中断北军的交通运输。7月初，叶开鑫部在北伐军的进击下，开始溃逃。郭亮、陈树湘等组织训练有素的工人农民纠察队，夺得了叶开鑫在长沙的军械库，还在易家湾截击自湘潭溃逃长沙的敌军，缴械近千，组成两个工人保安团，把守长沙八门要道，维护城市秩序。

北伐军胜利进入长沙后，郭亮、陈树湘以湖南全省工团联合会名义，联合省学联、

△ 1926年7月北伐军进入长沙

省妇联、长沙农协等团体五六万人，召开欢迎大会，并即刻动员起四千多人力车、掏粪工人、码头工会的工人，组成三百多个运输队，为北伐军运送军粮弹药。叶开鑫部溃逃时，准备劫走长沙汽车站的汽车。郭亮、陈树湘闻讯，立即发动和组织人力车工人和其他各界群众一千余人，把汽车站团团围住，坚持一昼夜，十余辆汽车完全无损地保护下来，在支援北伐作战中，发挥了很大作用。

在党和毛泽东的正确领导下，湖南农民

运动如火如荼，势不可当。到 1926 年冬天，各县农民普遍组织起来了，农民协会成了农村唯一的权力机关。组织起来的农民，把攻击的目标指向土豪劣绅、贪官污吏，也冲击了各种宗法思想、封建制度和乡村的恶劣习惯。这个攻击的态势，简直是急风暴雨，顺它的存，逆它的亡，把几千年的封建特权打了个落花流水。

为了总结经验，把革命推向新的高潮，负责省农委工作的夏明翰和省工委的郭亮请示省委决定，于 1926 年 12 月 1 日，联合召开湖南全省第一次农民代表大会和工人代表大会。大会进行了 26 天，农民代表一致提出了减租废押、解散团防、铲除土豪劣绅与组织农民自卫武装的要求。大会进行中，获悉毛泽东将回湖南考察农民运动。为了直接听取毛泽东的指示，夏明翰请示省委，商同柳直荀、易礼容、郭亮等，即刻向毛泽东发出了专电，电文中说："盼即回湘指导一切。"毛泽东于 12 月 17 日，从武汉回到长沙，出席了大会。根据代表们的要求，夏明翰组织整理好一部分农民运动的资料，详细地向毛泽东作了汇报。

大会期间，毛泽东作了两次重要的报告，他高度评价和肯定了农民的革命行动，明确指出：国民革命的中心问题就是农民问题，无论是打倒帝国主义、军阀、土豪劣绅，还是要发展民族工商业，都必须依靠农民问题的解决。这给当时的革命运动指明了具体的方向，使工人农民代表深受鼓舞。12月28日，全省工农代表大会联合举行闭幕典礼，毛泽

△ 1926年12月，湖南省第一次农民代表大会在长沙召开，毛泽东、谢觉哉、易礼容和柳直荀等出席了大会。图为大会代表合影。

东进一步作了革命联合战线问题的讲演，他说："反革命方面已有国际、全国和全省联合战线组织了，革命方面也应该有同样的联合战线来抵抗他们。"这些话使代表们进一步认识到：反革命势力在湖南仍然很强，大家要保持警惕，千万不要低估了他们。遵照毛泽东的讲话精神，夏明翰和易礼容、柳直荀等共同为代表大会起草了40个决议案，交大会讨论通过。这40个决议案，将农民武装、农民政权、农民利益与铲除贪官污吏、土豪劣绅、减租减押、取消团防等问题都一一包括进去了。大会发表了宣言，取得了圆满的成功，推动了湖南工人、农民运动的发展。

1927年1月4日起至2月5日，毛泽东考察了湘潭、湘乡、衡山、醴陵、长沙五县的农民运动，并两次向中共湖南区委作了详细的报告，指出了区委在农运政策和处置上的某些错误。

这期间，陈树湘随夏明翰学习毛泽东的考察方法，两次离开长沙，对湘南各县的农运进行了调查。同时，另派人员先后四次对其他地方的农运情形，也作了考察。

这年2月，夏明翰以中共湖南区委名义，主持写了《一九二七年一月份农民运动报告》。写毕，他让陈树湘正楷抄录，并尽速送发。有的段落，陈树湘还反复念给夏明翰听，他生怕抄错，有误革命大事：

我们在此社会群向农会进攻之包围中，我们自认现在农运的确是太幼稚，于是通告禁止农协罚款、捕人等事，而且限制区乡农协执行委员，皆须现在耕种之农民担任，对于发动罚款、逮捕之人，皆须扫除，几乎不自觉地站到富农、地主方面而限制贫农。自润之同志自乡间视察归来，我们才感贫农猛烈之打击土豪劣绅，实有必要，非如此不足以推翻现在乡村之封建政治。……故可说此时已改变从前站到富农、中小地主方面而限制贫农之错误观点矣。

在写出这个报告之后，夏明翰力促湖南省农民协会，根据毛泽东的指示精神，发出了《省字第六四二号训令》，批判了地主豪绅对农民运动的种种诬蔑和攻击，肯定农民起来向地主豪绅进攻完全是革命的行动。《训令》特别指出：有些地方开展什么"洗会运动"，采取了某些打击失业农民的措施，是"想要革命，却开倒车，并且不知不觉地中了反动派的圈套"。《训令》规定各地"不得以政治势力打击失业农民，不能强抑"；"各地土豪如向农民进攻，须决绝地对他们施以打击"；号召被压迫的农民迅速起来，作推翻封建势力的斗争，从而有力地促进了农民运动的迅猛发展。

在毛泽东离开长沙赴武昌后，中共湖南区委根据毛泽东在湘考察期间的指示精神，又召开专门会议，讨论了农民协会和农民武装问题。地址在省农协会议室。这时，陈树湘已成为湖南省农民自卫队骨干，经常随郭亮、夏明翰等省委负责人出外考察，有时负责重要会议的巡查和保卫工作。

这天，室外北风呼啸，寒气袭人，室内的会议却很热烈地开着。来开会的是省委委员和有些地区搞农运的负责人，他们都很严肃认真，有的拿着笔记本在写什么，有的在阅读陈树湘等分发的材料。

到了正式开会的时候，主持会议的书记站起身来说："同志们，我们今天把大家召集在一起，就是要把农民协会和农民的武装问题具体讨论一次，究竟采取什么方法，事关重大，请大家认真讨论。"

于是，会场上传出了一阵阵议论声、争吵声。坐在夏明翰对面的一个人边说边站了起来，他是省委宣传部薛部长（薛世纶）。近几个月来，他听了许多从乡下来的绅士朋友、地主亲戚的介绍，都是一句话：农民在乡村乱搞，弄得他们的日子不好过了。因此，会上提出要讨论的问题，他一听就有反感，大声说道："我省农民运动，实是来势太凶太猛，人魂不安，鸡犬不宁，不是这里罚款，就是那里游乡，这是不受欢迎的！我认为：农会要办，不办是不符合党的要求的。但是，现在农会的举动未免太过分了！太过分了！"

这位部长刚把话说完，好几个人都想发言，只见夏明翰首先站了起来，他努力克制内心的激愤说："什么过分？到底哪一点过分了？"夏明翰坦率地说："我们不能看一时的表面现象，要历史地全面地看问题，农民的举动都是土豪劣绅逼出来的。"

座听席的工作人员纷纷议论："你们说，怎么武装？"

陈树湘霍地站起来说：

"用梭镖去武装。"

"什么梭镖？"大家问。

"长柄、单尖、两刃刀。"夏明翰一字一顿，字字有声。

"哈哈哈……"薛部长一阵嘲笑，讽刺地说："好啊，夏明翰，看来你是个梭镖主义者！"

夏明翰心平气和地说："梭镖主义怎么样？我看梭镖主义就是好！去年农民用梭镖，配合革命军打垮了北洋军阀；如今农民又用梭镖击败了许多封建地主的反动武装。相反，要是农民连梭镖这样的武器也没掌握在手，那里的土豪恶霸就更加猖狂，农民就不敢伸腰迈步！铁的事实，在座的恐怕只有薛部长睁眼未见、充耳不闻吧！"

会场上发出一阵爽朗的笑声。薛部长一时竟气得说不出话："你、你……"

"我怎么啦？"夏明翰说，"我认为梭镖队是当前农民武装的一个重要组成部分，省委应该刻不容缓地使这种武装力量发展壮大。"夏明翰实事求是的发言，得到绝大多数同志的赞扬。

从此，"梭镖主义者"就变成了夏明翰的代号。许多委员和农运负责人也大讲要用梭镖武装起来的重要性。这次会议立即作出了相应的决议。于是，各县农民梭镖队迅速发展壮大，北起洞庭湖，南达九嶷山，东至浏阳河，西到雪峰岭，到处响起了"梭镖亮堂堂"的歌声。

唯有薛部长心中暗暗咒骂。不久，反动派的枪声一响，这个贪生怕死的薛部长作了可耻的逃兵。而手执梭镖的成千上万的农民军，却给了反动派以英勇的还击。闪光的梭镖如林，战斗的歌声如雷，使反动派胆战心寒：

梭镖亮堂堂，
农民齐武装。

砸碎旧世界，

人民得解放！

陈树湘和郭亮、夏明翰等走在雄赳

赳、气昂昂的梭镖队伍中，和战友们一起

高唱着这支战歌前进！

→ 秋收起义上井冈

★★★★★

（22—23岁）

当时，湖南工农运动在中共中央及

毛泽东的直接领导下，正处于蓬勃发展阶

段。面对日益高涨的工农运动，反动派

视之若仇，千方百计进行扑灭。全省工

人纠察队总队长袁仲贤截获密报知道何

键等在汉口召开会议，准备长沙叛乱。他立即向郭亮报告，同时提议作应变的准备，将主要武装驻扎城外。5月21日晚10时许，省委派张子武通告袁仲贤："省委会议分析了目前政治形势，北伐军已进至河南，工农力量大，决无问题。"张子武离开省农民协会不久，即开始响起枪声。叛军进攻省农民协会，袁仲贤、陈树湘等组织抵抗，约两小时，省农民协会被攻占，自卫队死伤十余人。袁仲贤命令陈树湘、潘福岩、王桂生、袁福清等人突围。他们秘密退入第四军招募处。当夜，郭亮、李维汉、夏曦等省委领导正在东茅巷总工会开会。事变发生时，担任警戒的27名武装纠察队为掩护开会同志撤退，与叛军接火激战，绝大多数壮烈牺牲。5月22日，许克祥下令到处捕杀共产党人和进步人士，长沙陷入白色恐怖之中。袁仲贤、陈树湘等离开省城后，经新河渡湘江至湖南裕湘纱厂，化装来到铜官农村。他们找到郭亮，经过商量，即刻赴湘阴，向当地党和农会负责人作了反击的布置之后，陈树湘与杨立三、赖传珠、张令彬、刘荣辉和鄢辉等一批农军战友采取夜行昼伏的方法秘密到达武昌都府堤。在那里，陈树湘等见到了毛泽东。当毛泽东和他们谈话并征求去向意见时，陈树湘坚决要求改名，到国民党的部队中去当兵和带兵，受到毛泽东的赞扬。后经周以栗介绍去张发奎的第四军二十四师叶挺的一个新兵营当兵。这个新兵营当时驻扎在武昌黄土坡，大多数是共产党员。开始有四个连队，五百人枪。一天新兵营长张子清将陈树湘介绍给了连长黄赞。黄赞是黄埔军校的毕业生，他看到陈树湘身材高大，体魄结实，当即喊了声"立正"、"正步走"，陈树湘的仪表和制式动作甚好，显出非常威武的军姿。接着，黄连长派人喊来一排长杨立三，首先发问："你们都是湖南人，认识啵？"杨立三和陈树湘相视一笑，并说："我们不仅认识，还是一同从湖南来武昌的。不过我先来报到一天。"

黄连长当即要陈树湘到杨立三那个排里

去当班长。不久，武汉国民政府警卫团接到南昌来电，要他们立即开赴南昌参加新的行动。警卫团便将这个新兵营改编为三营。陈树湘所在的三连被改编为九连。出发前，陈树湘升任三排排长。大约在 7 月 20 日的一个晚上，全团迅速而又秘密地登上一艘大轮船，立即起航沿江东下。警卫团领导获悉在九江有一支反动军队布防，不好通过，就决定在黄石港离船登岸，从陆地步行去南昌。当他们到达江西奉新时，南昌八一起义部队已向南撤离。于是，警卫团折向西进，到达江西的修水县城。团长卢德铭经与有关上级疏通关系，以江西省防军的名义在修水休整待命。

9 月初，毛泽东领导与发动的湘赣边秋收起义爆发，警卫团改编为工农革命军第一军第一师第一团，受命主攻长寿街的敌人，再进攻平江县城。然而，第一仗打龙门厂，陈树湘所在的九连就出师不利，接着打金坪又吃败仗。再战长寿街，连指导员、一排长、二排长和许多战士牺牲或失踪。全连的干部只剩连长和三排长陈树湘。他们把部队收拢起来，战士只剩下三十几个人。

当时士气低落，失败情绪笼罩全连。经过短暂整顿，当夜转向湘赣两省交界的浏阳、铜鼓地区，后到文家市与第三团部队会师。

第二天，整个起义部队一千多人在里仁学校大坪里集合，听了毛泽东的动员报告后，大家精神振奋，失败情绪一扫而光。而后秋收起义部队由文家市出发，进入江西，接连在泸溪和莲花打了两仗，占领了莲花县城，

△ 文家市秋收起义会师旧址文华书院（里仁学校）

消灭了国民党一个挨户团，缴获了一批弹药和粮食，随后部队向井冈山进军，到达永新县三湾。在这里，毛泽东决定改编部队，在连队建立党的基层组织，整顿纪律。原来一个师的部队，缩编为一个团，即工农革命军第一军第一师第一团，下辖一、三两个营。陈树湘先到二营四连，改后为三营七连。

部队经过整顿进至水口，在大汾遭到靖卫团肖家壁、李世连的袭击，一、三营被冲散。一营在毛泽东直接率领下经黄坳、荆竹山先上了井冈山。陈树湘所在的九连，在三营长张子清率领下南去桂东，碰上朱德率领的南昌起义余部。不久，一营从井冈山下来打茶陵，张子清获悉又率陈树湘等三营的全体官兵到茶陵会合。1927年12月，陈树湘随部队上井冈山，1928年3月，陈树湘所在的三营九连，参加新城战斗后，又随张子清南下桂东，迎接湘南暴动的队伍。为了掩护朱德率领的部队上井冈山，陈树湘所在的三营在则县路口井与敌展开激战，阻击敌人两个团的进攻，坚持一天两夜，得悉朱德率领的部队上了井冈山，他们才撤出战斗。

1928 年 4 月，朱德与毛泽东率领的两军会师。陈树湘所在团改编为中国工农红军第四军三十一团。陈树湘所在营改编三十一团三营。营长伍中豪。陈树湘升任七连连长。部队在砻市整训，毛泽东、朱德经常来部队讲课，朱军长每到三十一团来，经常说要向秋收起义的三十一团学习。毛委员要求很严，他说："战无常法，要善于根据敌我情况，在消灭敌人，保存自己的原则下，抛弃旧的一套，来一个战术思想大转变。现在敌强我弱，不能用过去那套战法。"他还讲到走路的问题，说："从前井冈山有个老土匪，和官兵打了几十年交道，总结了一条经验：不要会打仗，只要会打圈。而我们要改他一句：'既要会打圈，又要会打仗。'"怎么转变，陈树湘心领神会，他经常率七连到遂川去打江西的客军，也能够抓住敌人的弱点，"雷公打豆腐"，专拣软的打。

1928 年 7 月，红四军党委决定，抽调一批军政骨干，组建红四军特务连，陈树湘被任命为军特务连连长，赖传珠任党代表。这时，驻湘敌军两个师侵占宁冈县城，开始对井冈山发动第一次"会剿"，陈树湘率特务连随红四军，乘湘敌进入江西，后方空虚之机，配合红二十八团、二十九团直捣湘军在酃县的剿穴，迫使敌人回援。10 月，红四军特务连扩编为特务营，由毕占云任营长，陈树湘改任为特务营党代表。陈树湘一方面对湘敌中投奔红军的干部战士做思想工作，以巩固壮大队伍，另一方面，带着分队深入到宁冈、遂川、永新等地发动群众，使边界割据又重新发展起来。

赣南闽西大进军

★★★★★

（23-28岁）

1928 年 12 月，湘粤赣三省敌人联合组织了对井冈山根据地的第三次 "围剿"，为了粉碎敌人的阴谋，红四军决定：由毛泽东、朱德率红四军军部、特务营、独立营和二十八团、三十一团主力组成进军部队，打到敌人的外线去在赣南和闽西开辟新的根据地。

陈树湘等带领特务营紧随军部前进。在毛泽东、朱德等率领下经营房、杰坝、铅厂之线，迅速进占大庾县城，并在大庾附近展开了群众工作，不久便进入三南（龙南、全南、定南）地区。这期间几乎每日行程都是八九十里，甚至一百里。时值隆冬，山区格外寒冷，风雪交加，红军衣着问题未能解决，有的同志没鞋袜，赤着脚翻山踏雪，处境极其困难。陈树湘积极鼓励大家，团结全营上下克服困难，率部队走出山地困境，进到福建武平东留，随后折向江西会昌、瑞金，到达瑞金城北二十多里的黄柏墟、隘前一带宿营。当时正是农历大年三十的夜晚。敌刘士毅部看到红军在吉潭、顶山都避开了战斗，以为是惧敌，便洋洋得意地在红军屁股后跟了上来。这时，毛泽东、朱德召集特务营、独立营和二十八团、三十一团军政干部开会，决定利用大柏地的有利地形，给敌人一个打击。就在大年初一的上午，陈树湘与毕占云率特务营全体官兵参加了大柏地战斗。大柏地一战，我军在运动中，激战竟日，把一个师的敌人打垮了。俘获敌团长肖致平、钟桓以下官兵八百多人，并缴获大批武器、弹药和军需给养，红军干部战士欢欢喜喜地过了个丰盛的春节。

大柏地战斗后，红军乘胜进占宁都县城。第二天，经黄坳向吉水县的东固前进。在这里陈树湘所在部队与江西地方红军两个独立团会师。几天后，红四军经广昌东向福建边境前进，在福建长汀的四都又打了一场恶仗，消灭了盘踞闽西的土著军阀混成旅郭凤鸣部。根据朱德军长命令，红四军全部出动，

△ 红四军部署大柏地战斗干部会议旧址江西瑞金大柏地乡王家祠

二十八团居左，三十一团居右，陈树湘等率特务营紧随军部居中，齐头向前推进。在四都北边，陈树湘和营长毕占云乘敌主力立脚未稳，各带一个连对敌车紧追不舍，一直追到长汀胜华山脚的波溪，随后军部和主力围了过来，一举歼灭郭凤鸣旅，进占长汀县城，郭凤鸣亦在狼狈逃命中被击毙。

红四军部队在长汀附近开展了群众工作，并在这里整编了部队，把二十八团主力改编为第一纵队，把三十一团改编为第三纵队，陈树湘等率领的军直特务营和赖传珠等率领的军直独立营，以及二十八团三营改编为第二纵队，二纵队司令员胡少梅，政治委员罗荣桓，陈树湘升任为第四支队政治委员。

红四军部队在长汀附近工作和休整了大约二十多天后，毛泽东于1930年1月，率红四军主力师赴赣南，陈树湘留在长汀任汀（长汀）连（连城）独立团团长。行前毛泽东找陈树湘和一部分领导谈话，着重指出："闽西封建割据的三个土皇帝，郭凤鸣仅仅是其中的一个，还有陈国辉和卢新铭，他们分别盘踞在龙岩和上杭地

△ 罗炳辉

区，你们的任务还很艰巨呢！""但只要联系群众，依靠地方党组织，我相信你们会很好地完成任务的。"陈树湘牢记毛政委（这时各级党代表均改称政治委员）临行前的教导，以古田会议决议为指针，率部游击在长汀、清流、连城一线，有时集中兵力扫荡地主武装，摧毁反动政权，打土豪筹集粮款；有时分兵以发动群众，扩大宣传共产党和工农红军的主张，从而使地方武装得到大发展。各县先后召开了工农兵代表大会，成立了红色政权。

1931 年，福建省军区在永定成立司令部，司令员罗炳辉，政治委员谭震林，下设三个区和三个独立师，即七、八、九师，陈树湘被任命为独立第七师师长，1932 年春调任福建省军区独立第九师师长。陈树湘针对当时部队更新快、新兵成分多的特点，非常重视部队的军事训练。分级训练，定期检查，召开比武会，表彰先进树标兵等，是他经常采用的训练方法。1932 年 3 月，他亲自率部参加了红十九军军训比武大会。当时，军长叶剑英，政治委员谭震林，在他们主持下，陈树湘以五十四师师长身份，挑战五十三、五十五两位师长。对军训各科目进行竞赛、比武、较量。一上来是跳高，他憋足劲儿一下跳了个一米五，另两位师长个头比他都低半头，都没有跳过一米五。接下来跳远，他以一脚之差输给他们，他急了，在百米障碍中拼力扳回一分。加上投弹、刺杀、射击等项目比赛，他们的比分恰好是平局。谭震林笑着说："好！师长打平手，要知输赢，就看哪个师的战士过硬喽！"一句话把三个师战士的情绪都调动起来了，五十四师战士奋力拼搏，结果以几分的优势夺得胜利。这对于提高部队的军事素质的确起到了很大的促进作用。

1933 年 6 月，第四次反"围剿"正在赣南紧张进行。为了支援江西红军的作战，红十九军缩编组建为红三十四师，并将五十三、五十四、五十五师缩编为三个野战团，即一〇〇、一〇一、一〇二团。陈树湘改任为一〇一团团长。7月初，陈树湘率一〇一团由汀州进入宁化与清流之间集结参战。首仗攻打泉上土堡。泉上地处江西宁都的东北郊，是福建于化与明溪之间的交通要冲。土堡周长两公里多，堡内街巷纵横，除由敌卢兴邦的三〇七团据守外，还聚集了宁化、清流、石城、长汀四个县的地主武装四百余人，并囤积大批粮食、食盐等物资，成为敌人负隅顽抗的堡垒，直接威胁着附近苏区的安全。当红五师正面攻击战斗在泉上打响后，陈树湘所在的红三十四师奉命支援。陈树湘率一个先头团，按照上级命令在雾阁地区设伏，袭击敌三〇九团，从清流出来增援据守泉上的敌三〇七团。当陈树湘率团进入设伏阵地不到半天，敌三〇九团果然上钩了。经过一小时激战，全歼敌三〇九团。这时担负正面攻击任务的红五师乘胜发起总攻击，先后炸开土堡的高墙，也一举全歼守敌三〇七团。毙敌三百余人，其中团长一人，俘敌一千四百余人，缴获大批枪支弹药、粮食和食盐等物资，还挖出银元一万多块，盘踞在清流县城内的敌卢兴邦见大势不妙，率三〇八团弃城向永安撤退。陈树湘又奉命率团奔赴秋口，截击从清流城内撤出的敌人。接着，陈树湘率部转战至马屋附近，击溃从连城出来增援清流的敌十九路军七十八师一个团，乘胜夺取古堡，有力配合红四师攻占清流县城，受到上级的表彰。此时战斗尚未结束，陈树湘又奉命奔袭四堡。驻扎在四堡的敌两个步兵团，闻讯连夜撤回连城。随后，红三军团组织发起连城县朋口战斗，决定以红四师、红十九师为正面攻击部队，由红三十四和红五师在运动中消灭敌人。7月28日凌晨，红四师和红十九师向朋口、营溪守敌同时发起进攻。敌区寿年部从连城派出钟经瑞的四六六团，当夜赶到营溪附近，准备次日增援朋口。这时，陈树湘率团先敌一步抢占朋口东侧之高山，敌钟经瑞团力夺这个制高点，红五师十三团立即迂回敌后，对敌形成夹击之势。不等天亮，腹背受敌的钟经瑞团即被我两支英勇红军部队围歼。但敌区寿年并不死心，又派出敌丁荣光团和黄康营赶至营溪附近，亦于当天下午被陈树湘所在的红三十四师和红五师歼灭。

30日下午，敌十九路军总指挥部电令区师放弃连城撤往永安。31日，区师向永安逃窜，宿营于姑田，次日晨红三军团追击部队及时赶到，区师大乱，陈树湘率团向敌区寿年七十八师一个团连续进攻，激战竟日，歼其大部，陈树湘率部除配合红三军团接连取得泉上、朋口大捷外，还解放了清流、明溪、连城等广大地区，恢复了上（杭）新（泉）连（城）各县苏区，开拓了泉（上）清（流）归（化）纵横数百里的新区，与原来的苏区连成一片，红军将士和群众都欢欣鼓舞。

1933年8月初，红三十四师同红四、红五和红十九师在连城会师，然后挥师北上，经清流明溪进逼沙县，解放了沙县夏茂、高桥等乡镇。23日，配合红三军团进攻洋口、峡阳，击溃刘和鼎部三个团。在占领洋口、峡阳后，即将顺昌、南平隔断，并参加围攻两县县城，此时，敌刘和鼎不断向福州十九路军发出呼援急电。陈树湘参加了彭德怀在南平外围召集的师团干部会议，决定围城打援。不久，敌十九路军谭启秀补充师进至水口、龙溪口一带增援南平。陈树湘率一〇一团和红十三团由闽江南北两岸直奔水口，截击援敌。歼敌一个营，余部向水口逃窜。陈树湘率部追击，又击溃敌两个营。

夏道战斗胜利后，9月17日，红四师与红十九师加紧对南平的围困和佯攻，红五师与陈树湘所在红三十四师连夜出发，由青州取道芹山向南平西芹前进，将敌六十一师三六六团郑为揖部及七十八师一个营，五十二师一个营共五个营截击在芹山附近，双方展开了激烈战斗。陈树湘率一〇一团配合兄弟部队勇猛冲杀，歼敌八百余人，彻底粉碎敌解南平之围的企图。

→ 保卫苏区的日月

★★★★★

（28—29岁）

1933年9月，中央苏区开始了第五次反"围剿"战争。这时，"左"倾机会主义者实行"御敌于国门之外"、"不失寸土"的方针，震惊于黎川一城的失守，不顾红三军团和陈树湘所在的红三十四师等部

队在闽北正是消灭敌刘和鼎部，发展福建苏
区的大好时机，而令他们北返赣南。陈树湘
等率部队从沙县撤回到泰宁地区集中，奉命
随红三军团向黎川以北硝石的敌人发动毫无
成果的进攻。恰在这时，国民党第十九路军
将领蔡廷锴等在福州发动"福建事变"，成立
了抗日反蒋的"中华共和国人民革命政府"，

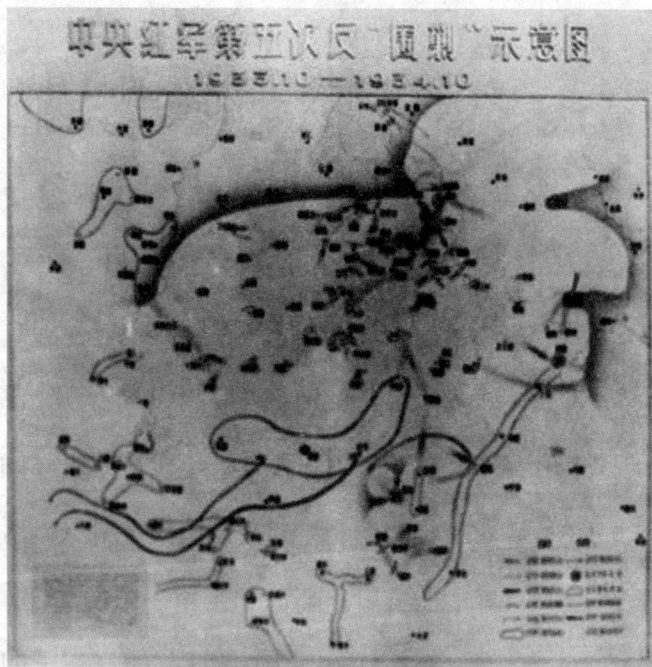

△ 第五次反"围剿"示意图

并同共产党和红军签订了抗日反蒋协定，蒋介石急忙调兵遣将镇压十九路军。至 1933 年底，蒋介石入闽部队已逼近南平，矛头直指福州。为了挽救濒临危局的"中华共和国人民革命政府"，红三军团和陈树湘所在的红三十四师回师泰宁，力求援助十九路军。当红三军团和红三十四师到达前，以驻守泰宁的红十九师为基础，成立了以寻淮洲、萧劲光为首的红七军团，陈树湘所在的红三十四师划属红七军团指挥。

1934 年 1 月初，当红三军团从建宁下泰宁时，陈树湘所在的红三十四师仍奉命配合红三军团作战。接着，攻克将乐、归化等县城，并解放了沙县外围的富江、夏茂等镇。1 月 10 日，三十四师配合三军团又包围沙县县城。25 日拂晓，一举全歼守敌。此时，为了阻击南进之敌，上级决定仅留红三十四师驻守沙县县城。不久，驻守在沙县的陈树湘所在部队，遭到敌东路总指挥蒋鼎文部的猛烈围攻。由于陈树湘组织了有力的抵抗，大量杀伤与消灭了敌人。

2 月，红三十四师奉命撤出沙县县城，开往宁化、清流、归化一带消灭民团，打击土匪，筹集粮食，发动群众，组织地方武装，准备和敌人进行游击战争。但错误的指挥者要他们实行"短促突击"，同敌人打阵地战、堡垒战、消耗战，于是长途奔袭，从闽北的邵武、光泽，进入江西的资溪、金溪，参加浒湾地区的战斗。战斗相持了数天，浒湾未能攻克，红军主动撤退。陈树湘所在的红三十四师，又从黎川城东南团村设防，担任阻击敌汤恩伯纵队向南进攻。陈树湘和全师官兵坚持阵地作战六七天，打退敌人多次进攻，但自己伤亡很大。师长、参谋长和政治部主任在此次战斗中都负了伤。部队撤出战斗，进入福建泰宁地区补充兵员，休整待命。

3月中旬，广昌失守，红三十四师奉命坚守泰宁。战斗打响前，军委任命陈树湘为师长，王光道为参谋长，蔡中为政治部主任。为了提高认识，统一行动，陈树湘在泰宁县城召开全师主要干部会议。会上对于是死守泰宁还是派部队主动出击，争论得十分激烈。一〇〇团团长韩伟和其他两个团里的干部都是主张主动出击，反对死守的；可是上级否定了他们的正确主张，命令陈树湘率部死守泰宁。于是部队在城关周围山头阵地上，修筑了许多碉堡和掩体工事，主要阵地前沿还架设了鹿砦、竹签、地雷等障碍物，各阵地之间均挖有交通壕，就地等待敌人的进攻。当敌人在发起攻击前，就先用飞机在天上狂轰滥炸，然后在地面上用大炮轮番轰击，整个工事成为一片焦土。陈树湘虽率领全师顽强抵抗，激战一天一夜，打退敌人多次进攻，终因寡不敌众，泰宁失守。陈树湘奉命率师退至梅口，重新组织防御。

4月初，面对敌人发动的进攻，陈树湘召集全师营以上干部开会，分析了梅口的地理民情，亲自到当地政府作动员，抢在敌人到达前修筑好工事。由于军民一齐动手，仅用一天多的时间，就在梅口沿河滩挖了许多战壕掩体，严阵以待。当敌人第八十八师在第二天凌晨到达梅口时，即遭到我阵地上火力的迎头痛击。敌军白天进攻未成，于是改在黑夜使用工兵架桥，企图强行渡河。陈树湘等师团领导身先士卒，以密集的火力阻击强行渡河的敌人。敌军整连整营的集团冲锋，一次又一次被打退。经过七天六夜的鏖战，大大迟缓了敌人前进的计划。直到4月18日，陈树湘才率红三十四师从梅口撤出战斗，奉命到达建宁接替红十五师防务。其主要任务是防御由黎川南下、泰宁西进的敌人。战斗打响后，敌人在飞机和炮兵的掩护下，每天前进三五里。陈树湘和各团领导不顾"左"倾机会主义者的错误主张，只要地理条件对红军作战有利，就利用反冲锋，一次又一次击退进攻之敌，且战且退。有进有退，一直坚持到5月初才主动撤出建宁县境。

5月5日，陈树湘奉命率师后撤至江西石城的驿前地区设防。敌蒋鼎文部连夜发起进攻，陈树湘率全师坚守阵地，英勇抵抗，并组织了几次出击，将敌人的进攻打退，在坚持战斗七天七夜后，才奉命与兄弟部队换防，连夜开往高虎垴的西侧，接受新的战斗任务。

6月底，陈树湘率部连夜赶到高虎垴西侧香炉寨。彭德怀军团长亲自来到他们的阵地前，看到师长袖管挽到臂弯，腰皮带插着一支"二十响"的德国造快慢枪，满脸油汗，有一股豪壮之气，便高兴地用双手拍打着师长的肩膀说："你来了我就放心了。现在要你率全师以英勇机智的战斗作风，乘胜突袭到敌人的侧翼里去，破坏敌人的后方，保障我们正面的攻击。"陈树湘随即派出奇兵，沿着高虎垴西侧的一片松林，孤军突到敌人侧后15里，集中一切火力猛袭，使敌人顾此失彼，在兄弟部队正面攻击的反冲锋下，敌兵败如山倒，溃退十多里。这一仗不仅造成敌人伤亡惨重，且又一次粉碎了敌人要限期攻占高虎垴的诡计。战后，蒋介石恼羞成怒，撤了陈诚前线总指挥的职。

7月底，陈树湘奉命率三十四师奔赴宁都城北的会同设防。8月，陈树湘奉命率师奔赴兴国城北老营盘支援红五军团两个兄弟师作战。9月初，在高兴圩参加阻击敌周浑元、薛岳两个纵队的战斗行列。这时，由于中央苏区整个形势日趋恶化，陈树湘和他的三十四师在蓝田、新田一线和敌人打得异常激烈、艰苦，但仍未遏止敌人的推进，他十分痛心地说："我们部队的战斗不能说不勇敢不顽强，整班、甚至是整排的突击牺牲！可是这次为什么不像前四次反'围剿'那样，集中兵力在运动中打击敌人一个方面呢？"他苦闷，他痛苦。他和几位团长、政委不断叨咕："这样作战还能粉碎敌人的'围剿'，保卫住苏区吗？"

10月6日，陈树湘奉命率红三十四师撤退至兴国城以南的社富设防。不久，中革军委命令红三十四师随五军团接替红一军团的防卫阵地，利用纵深重叠工事，节节抵抗，想方设法迟缓继续向南推进的敌人，保证兄弟部队在于都地区的隐蔽与集结。

长征足迹

（1934）

→ 铁流后卫贯长虹

★★★★★

（29岁）

1934年10月中旬，中央主力红军第一方面军分别从江西的瑞金、于都和福建的长汀、宁化等地出发，开始了史无前例的二万五千里长征。

10月18日，陈树湘率红三十四师遵照中央和军委的命令，最后撤离兴国进入于都，并在鲤鱼坝设防，掩护中央、军委两个纵队和五支主力军团渡过于都河。19日深夜，他们最后依依不舍地告别了朝夕相处的苏区人民，分别在仓前、孟口开始长征。

一踏上征途，陈树湘率领的三十四师就肩负起全军后卫的艰巨任务。毛泽东曾风趣地说："长征初期采取的战术是打狗战术。红三十四师边打边走，走在后头。"全师指战员也自誉他们是长征中的打狗队。作为"打狗队长"的陈树湘师长以及指战员最为紧张，哪儿出现敌人的追兵，他们就迎上去堵击。

10月24日，红一、红二军团先后攻占安息和古陂后继续前进。陈树湘率红三十四师紧随中央纵队和五军团的后面，阻击尾追的粤军第一军，在南路与敌余汉谋部展开激战，保证中央机关和部队通过信丰河，进大坪，过梅关，向大余开进。

当红军通过第一道封锁线后，敌人又部署设置第二道封锁线，妄图把红军堵截在城口至汝城、桂东一线之间。红军每前进一段，便前有敌军堵塞，后有敌人追兵。陈树湘率红三十四师采取"拿棍打狗，边打边走"的方法完成后卫的任务。10月28日，红一军团从左取聂都，奔袭城口；红三军团从右拿下蒸水、集尤和壕头。当中央机关和主力在汝城以南之天马山和仁化城口之间一通过，粤敌叶肇师和陈章旅分别从南雄、吉村驰赴仁化长江口会合，向城口挺进；湘敌钟光仁旅配合敌六十二师从北向南压来，妄图截断中路的中央军委机关纵队的通路。陈树湘指挥红三十四师立即从南北两面展开，猛烈袭击粤敌长江口和湘军汝城南各一个前锋团，掩护机关和部队向延寿文明司前进。接着，陈树湘率红三十四师在汝城县西南的延寿、岭秀、靶子场、珊瑚岗一带，同陈伯钧率领的红十三师阻击追敌，和湘敌六十二师、粤敌一师激战，在歼灭大部分敌人后，主动撤出延寿。11月10日抵达湖南宜章之白石渡，在延寿、岭秀一带阻击湘粤敌主力六个师和胡凤璋地方武装的追击，然后巧妙地甩掉敌人，经文明司向宜章前进。

14日，各路红军胜利地突破敌人的第三道封锁线，并在宜章休整数日，宣传群众，扩充红军，尔后分路向临武、兰山等地前进。敌周浑元的四个师追了上来，进至宁远和道县边界的天堂圩、柑子园附近，陈树湘果敢指挥红三十四师迅速抢占几块高地，和红一师一道向敌军展开激烈的战斗。陈树湘沉着地指挥全师，凭借有利地形，节节抗击，迟滞了敌军的行动，又一次掩护红军主力和中央机关摆脱了敌人，并于25日在道县、江华间顺利地渡过潇水。随后红三十四师在道县城南设防，拆除浮桥，隐蔽船只，以掩护主力红军和中央机关纵队安全西征，并指挥全师在道县城南葫芦岩、岭江渡阻击敌军。

▽ 红军突破第三道封锁线的地点宜章渡口

➜ 浴血奋战湘江侧

★★★★★

（29岁）

红军渡过潇水，彻底突破敌人的第三道封锁线后，蒋介石调集四十万大军在湘江沿岸三百里长的地段，精心设置了第四道封锁线，企图利用湘江天险，歼灭红军。

当红军主力军团进至湘桂边境时，中革军委仍然决定由陈树湘率领的红三十四师担任全军的总后卫，走在最后头，负责"打狗"。刘伯承总参谋长拍着陈树湘的肩头，语重心长地说："在敌重兵压境的情况下，把整个殿后任务交给你们师，这个担子很重啊！你们既要有完成军委赋予的光荣任务的决心，又要有万一被敌截断而孤军作战的准备。"刘伯承总参谋长说完，董振堂军团长又对他说："红三十四师是个有光荣传统的好部队，朱总司令和周总政委要我告诉你们，军委相信红三十四师能够完成这一伟大而艰苦的任务。"陈树湘代表全师干部庄严表示决心："请军委首长和军团首长放心，红三十四师坚决完成军委交给的任务，为全军争光。"

返回部队后，陈树湘与政委程翠林商量，利用走路的时间，边走边向各团干部布置作战任务。最后，陈树湘对大家说："红三十四师在一年多的时间里，虽然隶属关系几次变更，但始终服从命令听指挥，指到哪里，打到哪里。在第四、第五次反'围剿'中，屡建战功，现在是大家为人民立新功的时候了……"

11月26日拂晓，红军史上最壮烈的湘江战役正式展开。红三十四师与尾追之敌李云杰、李韫珩部及地方保安旅、团频频接火，边打边走。27日，陈树湘率全师经蒋家岭、雷口关急速进入灌阳。在水车至文市一线部署全师兵力，阻击追敌。28日，天将放亮，敌人就从四面八方赶来。空中几十架飞机轮番侦察、轰炸。地上有十几倍于己的敌人围追堵击。陈树湘镇定自若，毫无惧色，以大无畏的英雄气概，指挥红三十四师全体指战员紧紧地从三面奋力顶住敌人，一次又一次击退敌军的进攻，挫败了众多敌部的锐气。前后鏖战了四天五夜，一直坚持到30日凌晨，保证了红一、三两个主力军团在前面开江辟路，为中央和军委两个机关纵队赢得了渡江时间，直到红军最后一支部队红八军团顺利地渡过湘江。这时，陈树湘和红三十四师指战员才结束他们在长征路上突破敌人第四道封锁线中的后卫掩护任务。可是，红三十四全师六千多人的队伍，余下已不足千人了。

在30日清早，陈树湘立即下令全师上下转入为自己过江作紧急准备工作，迅速架好浮桥。然而当部队刚开始西渡时，就遭到敌机的狂轰滥炸，地面上的敌人重重围攻，浮桥被炸毁，队伍伤亡很大，突出重围后，经燕头、大塘、苗源到达全州南边的洪水青，午夜在椅子坪一个小山村里歇息。

12月1日上午，红军在湘江的主要渡口——界首已被桂敌占领。是日下午，在北起东安、南至兴安的湘江沿岸的渡口全被敌人封锁。这一天，陈树湘率红三十四师翻过海拔一千九百米高的宝云山。到达全州的箭杆青，经安和出凤凰，试图再在湘江边上的凤凰嘴徒涉渡江，哪知又遭桂敌四十三师、四十四师的猛烈阻击。陈树湘深知这次可能

△ 湘江战役遗址界首渡口

是争取渡江的唯一机会了。他操起一支步枪，亲自率领机关人员和部队冲锋。但因孤军作战，加之连日的疲劳饥饿，虽经殊死搏斗，亦未能打退敌人，部队又伤亡一百多人。经过井冈山斗争的老战友、师政委程翠林，政治部主任蔡中和两位团长都在此战斗中相继阵亡。此时，全师所剩只有七八百人枪，又被湘江东岸的敌人冲散。师长陈树湘眼看过江追赶主力部队已不可能，只得强忍悲愤和怒火，下令参谋长王光道带领师部机关和部队三百余人，又向东折回全州、灌阳之间的岭脚暂避。

12月3日，红三十四师余部在罗塘和梓木塘遭敌民团唐煌部的袭击，5日在洪水青又遭敌伍明勤、易生玉等部的袭击，战斗一整天，又伤亡一批久经战火磨炼的干部战士，直到黄昏才借夜色分别突围到达龙母霸集中。但此地无大山，不便久留与休整。师长陈树湘望着黑色蒙蒙的山区，迎着凛冽刺骨的寒风，感到肩上的压力从来没有像现在这样沉重。他思绪万千，转眼注视着满身硝烟尘土、忍受饥饿疲劳和伤痛折磨的战友们，许多熟悉的身影不见了。他强烈地怀念着跟随毛泽东在井冈山、在赣南闽西斗争的岁月，想念着已渡过湘江西去的红军大部队。为了摆脱孤军无援的困境，保存红三十四师留下的一支革命力量，他立即起草电文请示中革军委。不久得到回电，要红三十四师迅速退回到群众基础较好的湘南去。他连夜召集师、团干部和党员开会，当即宣布两条决定：第一，寻找敌人兵力薄弱的地方突围出去，到湘南开展游击战争；第二，万一突围不成，誓为苏维埃新中国流尽最后一滴血。接着，他和参谋长制订了突围方案。

正当红三十四师准备突围，桂敌四十三师一部发起了进攻。面对疯狂的敌人，陈树湘指挥部队集中兵力火力，进行了一次猛烈反击。他命令："乘胜立即突围，不错失时机，分两路向湘南前进。"这时，红三十四师已不足七百人枪，其中师直队和一〇一、一〇二团余部，共约四百人，由陈师长和王参谋长率领从江塘经永安关进入湘南道县的大岩村；另一路为一○○团余部大约二百多人，在团长韩伟、二营长侯德奎指挥下，掩护师部突围，从八工团、柳林青方向撤走。可是一○○团余部到达大江源时又遭地方民团武装的袭击，经一场恶战，仅剩三十多人，并失散了。陈树湘得此噩讯，悲愤不已。

12月9日，红三十四师直属分队等四百多人，在陈树湘和王光道率领下，经德里、大营到达道县瑶族聚居的空树岩村，沿都宠岭山麓向南退却。当行至永明（今江永）的大溪源时，敌何键部铁侠旅及道县保安团立即尾追而来。陈树湘率部且战且退，退至小坪附近，敌唐继侯部又闻讯赶来截击。红军与敌在上木岭激战半日，陈树湘率部即向江华、永明边境前进，在大宝腹又与敌遭遇接火。陈树湘巧妙地指挥部队边战斗边转移，直到深夜才甩掉敌人，抵达上江圩，得到短暂的休息与整顿。

断肠就义留青史

★★★★★

（29岁）

1934年12月12日，陈树湘师长率领红三十四师余部进至桥头铺。当日晨，他们计划在马山附近抢渡牯子江。陈树湘仔细地观察着河面升起的白雾，两岸的密林里显得异常寂静。具有丰富战斗经验的陈树湘，判断这里可能有敌人设伏，命令指战员们继续作好战斗准备。果然，他们中了敌江华县保安团的埋伏。

当木船行至江心时，两岸突然枪声大作，部队伤亡惨重。陈树湘指挥木船奋力抢渡，快要接近河岸时，突然一颗子弹飞来，击中他的腹部。很快小船靠了岸，陈树湘坚强地紧了紧皮带压住伤口，战士们迅速扎起一副简易的担架，把他按在担架上抬着就走，由江华的界牌再进入道县。敌道县保安团闻讯，又尾追上来。

山路崎岖，上岭下坡，担架颠簸得十分厉害，陈树湘的伤口没有上药，鲜血把腹部的皮带与衣服都浸透了。望着师长苍白的脸上冒出豆大的汗珠，指战员们又心疼又着急。这时敌情严重，为了减少伤亡，沿途藏匿避战。其中，有个战士吼道："我们跟敌人拼了！"担架上的陈树湘听了，顾不得伤口的剧烈疼痛，问："是谁说要拼？"大伙沉默了一会儿，一个战士走出来说："师长，是我。"陈树湘问道："为什么要拼呢？是革命到底了，还是被当前的局势吓倒了？"大家听了，都低下了头。陈树湘责备地说："我们是毛委员亲自创建的部队。秋收起义，井冈山斗争，南下赣南和闽西，几次反'围剿'，那样艰苦的环境，我们都战斗过来了，难道眼前这点困难都不能克服吗？拼很容易，但这正合了敌人的心意。敌人追剿的目的就是要把我们拼光。"那个战士听了，眼里含着泪花，说："师长，我的想法错了……"陈树湘温和地看了大家一眼，沉重地说："我知道大家的心情，从毛委员带领我们上井冈山后，从来没有遇到这样大的挫折，是敌人强大吗？不是。他们的四次'围剿'都被我们粉碎了。第五次反'围剿'为什么会失败，这次湘江战役为什么遭到这么大的损失？这些问题，我和同志们一样在思考，唉，毛委员离开中央领导岗位已有两年多了……"突然，他语气一转，激昂地说："我相信毛委员一定会回到中央来领导我们的，革命一定要胜利。同志们，我们不能被眼前的困难吓倒了，要发扬井冈山的精神，坚持斗争，一直要坚持到最后胜利！"战士们情绪激奋，齐声说道："师长，请放心，再大的困难，我们一定能克服。"

陈树湘微笑了，他接着说："现在，我们的任务就是要快速前进，甩开敌人，保存实力，在湘南开展游击战争，然后再返回井冈山。"

红三十四师余部一百多人，又继续前进了。当部队到达马桥的早禾田时，一股地方反动武装——道县义勇总队扑了过来。参谋长王光道立即指挥部队边打边走，在到达清水塘时，红军占据有利地形击退了敌人。这时陈树湘立即对指战员们作出指示："敌人还会反扑的，可能会出现种种意料不到的情况，大家要各自为战，冲出去，到前面的牛栏洞山区会合。"刚布置完毕，只听一阵"砰砰"的枪声，敌江华、宁远、道县三个保安团蜂拥而至，红军战士且战且走。几个抬担架的，奔跑行走很不方便，也不安全。陈树湘见此情景，再三挣扎着要下来，战士们说什么也不同意。当部队退到富竹湾时，路边馒头岭上又突然响起了枪声，另一股地方反动武装向红军进行阻击。前有阻敌，后有追兵，形势十分严峻，陈树湘当机立断，命令一个班抢占馒头岭对面山头以掩护，其余指战员迅速冲过敌人的火力网。战士们立即作好冲击准备，陈树湘怕拖累大家不肯再走了，他亲切地对大家说："你们抬着我，能冲过敌人的封锁线吗？不要作无谓的牺牲了。现在最重要的是保存革命力量，死了我一个陈树湘算不了什么，你们赶紧冲出去，不要管我！"指战员们听后心如刀割，谁也不愿意离开这位可敬可爱的英雄师长，不由分说，大家强行把师长按在担架上，由两个大个子战士抬着走。在馒头岭对面山头红军发起射击的掩护下，战士们奋力向前冲去。

眼看就要冲过敌人的火力网，突然，抬担架的两个战士被敌弹击倒，陈树湘滚在田沟里，两个警卫员马上扑上来保护。陈树湘推开他们，喊了一声："打，掩护同志们！"接着便举枪向敌人连连射击。枪声吸引了敌人的火力，同志们在王光道参谋长率领下冲了出去（此后继续在道县一带坚持游击战争半个多月，最后大部牺牲，部分失散）。陈树湘在两个警卫员的搀扶下，撤退到路边的一座破庙里，他继续向敌人射击，直到子弹打完为止。而后，他叫警卫员扶着走出庙门，不动声色像一尊巨人屹立在庙堂前的草坪上。

坐镇在驷马桥正生药店的敌保安团营长何湘，听说抓到一个红军师长，高兴得发狂，立刻叫人抬来，竭力装出一副笑脸，要去搀扶陈师长。陈树湘用手一推，由两个警卫员扶着，走进了药店：

何湘讨了个没趣，铁青着脸喝道：

"你是师长？"

"知道了还问什么？"

何湘装着一副笑脸，要给陈树湘上药，请他入席用饭，皆被陈树湘拒绝。

何湘眼珠一转，问道："你是要死？"

陈树湘仰头笑了，说："为革命，我是准备随时献出一切。"

何湘变了脸色："想死，没那么容易，我不叫你死，要把你送到长沙，送到南京，叫全世界的人知道，你们共产党完了，你们红军完了……"

　　"住口！"陈树湘大喝一声，"共产党不会完，红军也永远不会完。你们抓住一个陈树湘，这算不了什么，全国还有千千万万的共产党员和红军战士，革命的烈火，你们是永远扑不灭的，它必定越燃越旺，烧死一切害人虫，烧出一个新世界！"何湘黔驴技穷，气得额头上的青筋直暴。没有办法，只好叫人抬着陈树湘，送往道县城保安团司令部。上午8时许，当押送陈树湘的担架行至道县石马桥时，陈树湘为了保持革命的气节，使人格不受敌人的侮辱，乘敌不备，在途中毅然从伤口处掏出肠子，忍着无以言状的剧痛，把它绞断而英勇牺牲。时年29岁。敌道县保安团长唐季侯火速将陈树湘的遗体送往敌驻衡阳的省保安司令部拍照存验，接着又惨无人道地从遗体上将头颅割下，装在一个竹笼里解省府长沙。12月20日下午2时，敌何键的"追剿总司令部"将陈树湘的首级悬挂于小吴门外中山路口的石橙柱上，并于其旁张贴布告。

据敌保安兵张胜交代，陈树湘的牺牲是十分壮烈的。但多年来无人知晓，就连他的家乡湖南长沙，在革命烈士英名录中，竟然没有他的名字。十多年来，经过多方的调查，他那催人泪下的事迹，才跃然纸上。

△ 陈树湘牺牲的道县石马神村关帝庙废墟

后 记

为苏维埃新中国流尽最后一滴血

陈树湘牺牲后，当地群众冒着生命危险，将他的遗体葬于城外一座小山坡上。这座小山坡如今仅存一部分，成了道县二中的花园。园内建有一座凉亭，取名"高瞻亭"。令人欣慰的是，人们在登高远眺时，并没有忘记低头追思地下烈士的英灵。学校员工介绍说，每年清明节，群众都会自发来这里扫墓，祭奠这位红军师长。

作为后来人，我们难以想象，这是怎样的一场战斗。一次又一次战场上的惨烈激战，一批又一批烈士的壮烈牺牲。那些或有名或无名的英魂，他们曾用自己的血肉之躯，挡住了敌人一次又一次疯狂进攻，为长征铺垫了前进的通途。

今天，我们生活在洒满这些革命烈士鲜血的繁荣昌盛的祖国里，当家做主，过着前人想都没想过的幸福日子，我们虽然已经不需要像陈树湘那样出生入死，血洒疆场，但是，我们不可或缺的是他们崇高的理想、气节与斗志！